Spanish

Answers & Transcripts

GCSE

Great Clarendon Street, Oxford, OX2 6DP, United Kingdom

Oxford University Press is a department of the University of Oxford. It furthers the University's objective of excellence in research, scholarship, and education by publishing worldwide. Oxford is a registered trade mark of Oxford University Press in the UK and in certain other countries

First published in 2019

British Library Cataloguing in Publication Data
Data available

978-0-19-844596-8

5 7 9 10 8 6

Paper used in the production of this book is a natural, recyclable product made from wood grown in sustainable forests.
The manufacturing process conforms to the environmental regulations of the country of origin.

Printed in Great Britain by Ashford Colour Press Ltd., Gosport

Cover photograph: Jurgen Richter/Robert Harding

Contents

KS3 revision

Nouns (p10)

1 Copy the words and put *el* before the masculine nouns and *la* before the feminine nouns.

1 la pregunta
2 el instituto
3 el gimnasio
4 la palabra
5 la mochila

2 Complete the grid giving the plural of each noun.

libros, profesoras, estuches, reglas, carpetas, lápices, pruebas, clases, gomas, cuadernos, profesores, pizarras

Articles (p11)

3 Complete the phrases.

1 unos libros
2 una puerta
3 las carpetas
4 la palabra
5 unas preguntas
6 un estuche
7 el gimnasio
8 los bolígrafos
9 una clase
10 unas pruebas

4 Complete the grid.

unas palabras, los institutos, las clases, unos lápices, las gomas, las profesoras, unos bolígrafos, unas reglas, los gimnasios, unas mochilas

5 Translate the phrases into Spanish.

1 unos lápices
2 una mochila
3 las carpetas
4 la prueba
5 unas preguntas
6 las puertas
7 un sacapuntas
8 las profesoras
9 el cuaderno
10 unos estuches

Regular verbs in the present tense (p12)

6 Match the verbs in the box with their translations below.

1 hablamos
2 comen
3 escribes
4 escribe
5 habláis
6 como
7 hablas
8 escribimos
9 hablo
10 escribís
11 comemos
12 come

7 Add the correct endings to the verbs.

1 estudia
2 compramos
3 asisten
4 Leo
5 vives
6 toma
7 aprendemos
8 estudiáis
9 suben
10 viajo
11 aprendes

8 Translate the verbs into Spanish.

1 bebe
2 aprendemos
3 asisten
4 compras
5 viaja
6 aprendo
7 vivís
8 estudian
9 subimos
10 lees
11 viajáis
12 asiste
13 vivo
14 compramos
15 corren

Using *ser*, *estar* and *tener* (p13)

9 Complete the sentences with the correct form of *ser*.

1 es
2 son
3 Sois
4 Eres
5 soy
6 somos

10 Complete the sentences with the correct form of *estar*.

1 está
2 están
3 Estáis
4 estás
5 estoy
6 estamos

11 Choose the correct alternative in each sentence.

1 son
2 está
3 estoy
4 es
5 estás
6 son
7 es
8 somos
9 estáis
10 está

12 Complete the sentences with the correct form of *tener*. Then translate the sentences into English.

1 tengo; *I have a dog and two cats.*
2 tiene; *My sister, Susan, is eighteen.*
3 tienen; *The students have excellent teachers.*
4 tenemos; *My friends and I have a lot of hobbies.*
5 Tienes; *Do you have a pen, please?*
6 Tenéis; *Do you have a lot of homework tonight?*

Numbers, ages and times (p14)

13 Listen to Señora Robles telling her class about the items in Lost Property. Write how many there are of each item, and what the item is. (Choose from pictures A–H.)

1	8 C	5	2 E
2	4 D	6	17 A
3	19 F	7	13 H
4	15 G	8	11 B

Transcript

1 En la Oficina de Objetos Perdidos tenemos ocho libros.
2 También tenemos cuatro mochilas.
3 Hay muchos lápices – un total de diecinueve.
4 Encontré un total de quince gomas.
5 También hay dos estuches.
6 Conté diecisiete bolígrafos.
7 Hay trece reglas en la oficina.
8 Finalmente, tenemos once sacapuntas.

14 Write the numbers as words.

1 En España hay diecisiete regiones, o 'comunidades autónomas'.
2 El país está dividido en cincuenta provincias.
3 El veinticinco por ciento de la tierra es para la agricultura.
4 Hay treinta y siete aeropuertos en el país.
5 España tiene una población de cuarenta y siete millones de habitantes.
6 Unos cincuenta y nueve millones de turistas visitan España cada año.
7 En España hay un total de cien universidades .
8 La Costa del Sol tiene una longitud de ciento sesenta kilómetros.
9 El río Ebro mide novecientos veintiocho kilómetros de largo.
10 Blanes está a sesenta y nueve kilómetros de Barcelona.

15 Write a sentence for each one of the people below, giving their age.

1 Tiene cuarenta y cinco años.
2 Tienen dieciséis años
3 Tenemos veintitrés años.
4 Tengo treinta y siete años.
5 Tienes sesenta años.
6 Tenéis cincuenta y dos años.

Days, months and dates (p15)

16 Match each time to the correct clock face.

1 D 2 B 3 E 4 A 5 C

17 Work with a partner and take turns to say what time it is.

1 Son las siete y cinco.
2 Son las diez menos veinte.
3 Son las seis y media
4 Es la una menos diez.
5 Son las tres menos cuarto.
6 Son las cinco y veinticinco.

18 Match the days of the week with their translation below.

1	Monday	lunes
2	Tuesday	martes
3	Wednesday	miércoles
4	Thursday	jueves
5	Friday	viernes
6	Saturday	sábado
7	Sunday	domingo

19 Find the 12 months of the year in the sentences. Write them in order and translate them.

enero	January
febrero	February
marzo	March
abril	April
mayo	May
junio	June
Julio	July
agosto	August
septiembre	September
octubre	October
Noviembre	November
diciembre	December

20 Listen to five people (1–5) saying when their birthday is. Match them to the correct date.

a 3 b 2 c 1 d 5 e 4

Transcript

1 Mi cumpleaños es el once de julio.

2 Nací el veintitrés de enero.

3 Mi amigo y yo tenemos el cumpleaños el mismo día: el diecinueve de marzo.

4 Mi cumpleaños es en otoño: el veintiocho de octubre.

5 Nací el dos de abril.

21 Write these dates in Spanish.

a el diecinueve de noviembre
b el doce de agosto
c el cinco de febrero
d el veintiséis de junio
e el treinta de septiembre
f el ocho de marzo
g el once de abril
h el catorce de octubre
i el veinticinco de diciembre
j el trece de enero

Theme 1: Identity and culture

Dictionary skills

Alphabetical order (p17)

1 Write these six names in alphabetical order.
Esteban, Esther, Felipe, Fernando, Juan, Lola

2 Write these surnames in alphabetical order.

1. Allende, Álvarez, Arrese, Asprilla
2. Carranzo, Cordero, Coronel, Correa
3. Tallez, Terreros, Toledo, Tomás

Unit 1: Me, my family and friends

1.1 Relationships with family and friends

1.1 G ¿Cómo es tu familia? (pp18–19)

1 Read the sentences and complete the family tree using the words in bold.
1 b 2 a 3 d 4 e 5 f 6 c

2 Listen and match the sentences (1–6) with the people being described (A–F).
1 C 2 E 3 B 4 A 5 D 6 F

Transcript

1. Lleva gafas de sol y tiene barba.
2. Es calvo y está siempre alegre.
3. Lleva barba y tiene el pelo rizado.
4. Tiene el pelo largo y negro y lleva gafas de sol.
5. Es anciana y tiene el pelo casi blanco.
6. Es pelirroja y tiene los ojos azules y pecas.

3 Complete the gaps with the correct form of *ser* or *tener*. See pages 194–198 for the full verbs.
1 tengo 2 Tengo 3 son 4 tienen 5 es
6 tiene 7 Es 8 tiene

4 Answers will vary.

5 Translate these sentences into Spanish.

1. Mi mamá tiene el pelo largo y castaño.
2. Soy bastante gracioso/a.
3. Mi primo/a es joven y pelirrojo/a.
4. Tengo los ojos marrones y soy amable.
5. Mi tío lleva gafas de sol.

6 Answers will vary.

1.1 F Hablando de los amigos (pp20–21)

1 Lee este correo electrónico de tu amigo español y contesta a las preguntas en español.

1. puede pasar más tiempo con sus amigos
2. el mejor amigo de David
3. Es muy divertido y se ríe todo el tiempo.
4. Es travieso.
5. Two of: Le cuida si se siente triste. / Le cuida si tiene discusiones con sus padres / Le da buenos consejos.
6. japonés
7. dos años
8. Es inteligente y sincero.
9. el fútbol

2 Read the text in activity 1 again and find nine adjectives. For each one, write down:
Any nine from:

contento (masc sing): David	mejor (masc sing): amigo
divertido (masc sing): Roberto	travieso (masc sing): Roberto
especial (fem sing): amiga	triste (masc sing): David
buenos (masc plural): consejos	japonés (masc sing): chico
últimos (masc plural): años	inteligente (masc sing): niño
sincero (masc sing): Akira	mismo (masc sing): equipo
juntos (masc plural): David y Akira	próximo (masc sing): email

3 Listen to four people (1–4) talking about a friend. Decide for each one if only statement A is true (A); if only statement B is true (B); if both statements are true (A+B).

1 A 2 B 3 A+B 4 A

Transcript

1 Jaime es una persona muy fuerte y le encantan los deportes peligrosos. Esto es lo que ve la gente que no le conoce muy bien, pero sus compañeros saben que en su vida privada es bastante tímido.

2 Siempre me llevo bien con Manolo porque nos interesan las mismas cosas. Nunca discutimos y me alegro de que sea así porque – en mi opinión – los amigos que discuten mucho no son amigos verdaderos.

3 Ana es la persona más divertida que conozco y a todo el mundo le encanta su sentido del humor. Además es muy cariñosa y ayuda a sus amigos cuando tienen problemas.

4 Últimamente mi mejor amiga, Isabel, se muestra muy antipática. Me fastidia continuamente porque es bastante egoísta.

4 Answers will vary.

5 Answers will vary.

6 Translate this passage into English.

My friend Elisa is 17 (years old). We have been friend for 11 years. She has brown short hair and she wears glasses. She seems nice (kind).

1.2 Marriage and partnership

1.2 G Hablando de parejas (pp22–23)

1 Read these posts on a bulletin board. Decide whether statements 1–6 are true (T), false (F) or not mentioned (NM).

1 NM 2 F 3 T 4 F 5 F 6 NM

2a Listen to four people (1–4) talking about their partners and decide which person (A–F) they are talking about.

1 E 2 A 3 C 4 F

2b Listen again. Which family word does each speaker use to refer to their partner?

marido; pareja; novia; mujer

Transcript

1 Mi marido es un hombre cariñoso que me hace feliz. Además, le gusta salir conmigo todos los sábados y domingos.

2 Mi pareja sonríe siempre y es la persona más feliz que conozco. A menudo tenemos invitados en casa porque le gusta cocinar para otra gente.

3 Mi novia es un poco seria a veces, pero normalmente es muy habladora y estoy enamorado de ella.

4 Ya no estoy enamorado de mi mujer, que es maleducada y nunca quiere darme un beso.

3 Complete the sentences with the correct possessive adjective.

1 su 2 Mi 3 Nuestra 4 tu 5 sus

4 Answers will vary.

5 Translate these sentences into Spanish.

1 Su mujer es rubia y muy amable.
2 Tito, que tiene 21 años, se lleva bien con su pareja.
3 Mi novio es muy cariñoso y guapo.
4 Tiene un marido que es muy cariñoso.
5 Su novia, que es muy maleducada, no es feliz.

6 Look again at the posts in activity 1. Use them to write similar ones for Manuel and Verónica.

Suggested answers

1 Manuel: Busco consejos. Mi mujer y yo nos peleamos continuamente. Sale cada vez más y no me invita.

2 Verónica: Soy feliz en mi matrimonio pero mis hijos parecen tristes. No lo entiendo.

1.2 F Planes para el futuro (pp24–25)

1a Lee los horóscopos. Busca las palabras españolas correspondientes.

1 tener suerte
2 un compañero (una compañera) de trabajo
3 este mes

4 sitios
5 buscar
6 decepcionado
7 puede ser
8 cambiar

1b Which horoscope fits each sentence?

1 Cancer 2 Taurus 3 Gemini 4 Leo

2 Complete the sentences with the correct form of *ir*.

1 vamos 2 va 3 van 4 voy 5 vas

3 Answers will vary.

4 Escucha a estas personas (1–6) hablar de sus relaciones de futuro y empareja las personas con las frases.

1 F 2 D 3 G 4 A 5 C 6 H

Transcript

1 Quiero casarme con una chica alta y de ojos azules

2 No tengo ganas de casarme porque el matrimonio no es importante para mí.

3 Me encantan las bodas y por eso voy a casarme.

4 No me importa tanto el aspecto físico, lo que valoro en una mujer es el sentido del humor.

5 Tengo intención de casarme porque no quiero vivir sola.

6 Lo esencial en la vida es la felicidad. Si soy feliz estando casada, ¡perfecto! Si soy feliz siendo soltera, ¡también perfecto!

5 Read this extract from José's blog and answer the questions in English.

1 It's bad.
2 Lots of married people have a bad relationship. / It's boring.
3 To marry a rich woman when he's 20.
4 It's stupid.
5 Weddings are expensive.
6 Live alone.
7 It's boring – it's more interesting to live with a partner and not get married.

6 Answers will vary.

Grammar practice (pp26–27)

1 Write the Spanish for the following verbs in the present tense.

1 invita 2 gritamos 3 escuchan 4 vivís 5 discuto 6 perdonas 7 beso 8 rompen 9 pasea 10 cuidamos

2 Choose the correct word to complete the sentences.

1 escucha 2 conoces 3 echo 4 salimos 5 discutís 6 pasean

3 Complete the sentences with the words below (two words are not needed).

1 se 2 llevo 3 Te 4 pelean 5 nos 6 se

4 Complete the sentences with the correct form of the reflexive verb in the present tense. Then translate them into English.

1 se porta 2 se comprometen 3 se ocupa 4 me aburro 5 nos parecemos 6 te llevas

1 Generally, my nephew behaves well.
2 My friend Laura and her boyfriend are getting engaged this Sunday.
3 My father is busy preparing dinner.
4 I get bored easily because I spend so much time at home.
5 I think that my brother and I look like our grandmother.
6 And you, do you get on well with him?

5 Complete the sentences with the correct subject pronoun.

1 Yo 2 Nosotros, ellos 3 ellas 4 Tú 5 Vosotros/as 6 Ella, él

6 Translate the sentences into English.

1 My grandad often writes me a letter.
2 My brother is going to live in Mexico. I'm going to miss him.
3 They always thank you when you help them.
4 María annoys us because she's selfish.
5 I'm going to give you the invitation tomorrow.
6 Sometimes his mother doesn't understand him.

7 Rewrite the sentences, replacing the underlined words with object pronouns.

1 **Le** mando mensajes diez veces al día.
2 Creo que **nos** odia.
3 Siempre **les** da un beso.
4 Normalmente **lo** compra.
5 Me gusta visitar**le**.
6 Vamos a ver**lo** mañana.

Unit 2: Technology in everyday life

2.1 Social media

2.1 G Comunicarse por internet (pp30–31)

1 Read these posts about social media and answer the questions in English.

1 He has family in other countries.
2 The connection is sometimes bad.
3 She prefers to post photos and not to write anything.
4 Chatrooms.
5 It's a bit difficult.
6 Posting on her blog.
7 She spends more time on that than she does on her homework.

2 Translate these sentences into Spanish. Use the *Gramática* box for help.

1 Recibo más mensajes en Facebook que en Twitter.
2 Skype es más fácil que Instagram.
3 Paso menos tiempo en las redes sociales que en salir con amigos.
4 Twitter es menos divertido que las salas de chat.
5 El correo electrónico es más útil que Facebook

3 Listen to four people (1–4) talking about social media. Choose the correct answer.

1 c 2 b 3 a 4 b

Transcript

1 Uso Instagram todos los días. Cuelgo fotos de todo: de mi novio, de salidas con mis amigos, de mí. Es un poco adictivo pero intento no usarlo demasiado.

2 Mis padres me dicen que Facebook afecta a mi vida de manera negativa pero en mi opinión ellos lo usan más que yo. ¡No son justos!

3 Tengo un nuevo blog y escribo solo sobre las cosas positivas de mi vida. Hay tantas cosas tristes en las noticias, que quiero alegrar a mis amigos con mi blog.

4 YouTube para mí es increíble. Si quiero escuchar música, está ahí. Si busco información sobre cómo funciona algo, ahí está. Si quiero ver vídeos divertidos, solo tengo que buscar.

4 Answers will vary.

5 Answers will vary.

6 Translate these sentences into English.

1 I speak via video to my aunt and uncle who live in Australia.
2 I don't use Instagram because it's a bit boring.
3 I send messages by email two or three times a day.
4 I think Twitter is easy because you have to send short messages.
5 Facebook is addictive and I'm not going to use it in future.

2.1 F ¿Cómo prefieres mantenerte en contacto? (pp32–33)

1 Listen to four people (1–4) giving their opinion about social media. Write P if they have a positive opinion, N for a negative opinion and P+N for a positive and negative opinion.

1 P+N 2 N 3 N 4 P

Transcript

1 Paso muchas horas en Facebook durante la semana y es una manera sencilla y divertida de mantenerme en contacto con lo que pasa en tu vida social.

2 He pasado mucho tiempo en las salas de chat y la opinión que tengo de ellas no es buena. Hay demasiados riesgos, especialmente porque a menudo no sabes con quién hablas.

3 A mis amigos les encanta Twitter y siempre dicen que es la mejor red social que hay. Por otro lado, lo que me molesta es que solo puedes escribir mensajes muy cortos.

4 Nunca he usado Facebook ni Twitter y me mantengo en contacto con mis amigos y parientes por correo electrónico. Lo encuentro muy útil y rápido y no hay ningún inconveniente.

2a Lee este artículo de un blog. Busca las frases españolas correspondientes.

1 he decidido
2 los medios sociales
3 he colgado
4 el aspecto de la gente cambia
5 es menos interactivo
6 tampoco me gusta
7 sin embargo

8 acabo de empezar
9 no estoy seguro
10 la pantalla
11 gratis

2b Contesta estas preguntas en español.

1 desde varios años
2 Puedes comunicarte con todos tus contactos al mismo tiempo.
3 escoger a las personas que van a verlo
4 El aspecto de la gente cambia.
5 Es menos interactivo / Hay un límite en el número de letras que puedes usar en un mensaje.
6 Es genial ver qué hacen tus famosos favoritos y leer sobre las discusiones que tienen.
7 porque acaba de empezar a usarlo
8 La pantalla es más grande.
9 Nada (es gratis).

3 Choose the correct form of the verb *haber* and the past participle of the verb in brackets to complete the sentences.

1 hemos chateado
2 ha decidido
3 han mandado
4 he tenido
5 has podido
6 habéis comprado

4 Translate these sentences into Spanish.

1 Recientemente he empezado a usar Twitter.
2 Creo que es menos divertido que otras redes sociales.
3 Solo puedes enviar / mandar mensajes cortos.
4 Instagram es mejor.
5 Es genial / estupendo colgar mis fotos.
6 Facebook es mi favorito porque es más interactivo.

5 Answers will vary.

6 Answers will vary.

2.2 Mobile technology

2.2 G ¡El móvil para todo! (pp34–35)

1 Look at the Spanish text abbreviations and what they mean. What do they mean in English?

A more / most
B goodbye
C good / well
D mobile
E for
F that
G always
H also
I late / afternoon / evening
J but
K why?
L because

2 Read the comments about mobile phones. Then answer the questions in English.

1 Buy him a new mobile for his birthday.
2 Change / swap it for a mobile, because she thinks a mobile is more useful.
3 He uses it for more than 6 hours a day.
4 This morning she received more than 100 texts and she sent about 70.
5 It's a bit slow when he plays games on it.
6 Her sister has been on her mobile for over 3 hours this evening / afternoon.

3 Complete the sentences with *por* or *para*.

1 por 2 por 3 para 4 para 5 para

4 Now translate the sentences in activity 3 into English.

1 I've bought this for forty euros.
2 I always listen to music in the afternoon / evening.
3 I go online to do my homework.
4 I use my mobile to send text messages.
5 This is a present for Miguel.

5 Listen to four people (1–4) talking about their mobile phones. Choose the correct answers to each question. More than one answer may be correct.

1 b 2 b, c 3 a, c 4 b

Transcript

1 Soy Andrés. En el instituto podemos tener móvil, pero está prohibido usarlo en clase. Es una buena norma y, aunque a menudo es difícil no navegar por internet o ver mensajes en las redes sociales, yo no lo hago.

2 ¡Hola! Me llamo Amanda y soy adicta al móvil. Lo uso muchísimo, especialmente en casa para chatear con mis amigos. Es la causa de muchas discusiones con mis padres, que creen que afecta a la concentración en mis estudios.

3 Buenos días. Me llamo Alejandro y soy la única persona de mi edad que conozco que no tiene móvil. No me importa tanto, ya que prefiero hablar con mis amigos cara a cara en vez de chatear por móvil.

4 Soy Ivana. Mis padres me pagan el móvil y les doy las gracias por ello. Sin embargo, controlan el tiempo que paso en el móvil y en mi opinión es justo porque hay otras cosas importantes que tengo que hacer.

6 Answers will vary.

7 Answers will vary.

2.2 F La tecnología portátil (pp36–37)

1 Read this article from a Mexican magazine. Which of the statements (a–h) are correct, according to the article?

b d e h

2 Write down the four examples of the present continuous tense in the passage in activity 1 and translate them into English.

comprando *(they) are buying*

estás andando *you are walking*

está ayudando *it is helping*

estás trabajando *you are working*

3 Choose the correct form of *estar* to complete the sentences.

1 está 2 estamos 3 estoy 4 están 5 estás 6 estáis

4 Escucha la conversación entre María y Tomás y escoge la respuesta correcta.

1 a 2 b 3 c 4 b 5 c 6 a

Transcript

— ¿Qué estás haciendo, Tomás?

— Estoy borrando algunos archivos de mi disco duro.

— ¿Por qué?

— No tengo mucho espacio y voy a descargar algunas canciones de mis grupos favoritos.

— Vas a comprar una tableta nueva, ¿no?

— De momento no estoy seguro ya que mis padres dicen que van a comprarme una para mi cumpleaños. La desventaja de eso es que solo estamos en mayo y tengo que esperar tres meses.

— Yo estoy harta de los correos electrónicos. Estoy recibiendo demasiado correo basura y lo odio. Creo que voy a cambiar de email.

— ¡Suerte, María! Creo que todos son iguales.

5 Answers will vary.

6 Translate these sentences into Spanish.

1 Saco muchas fotos con la tableta.
2 Prefiero mandar correos electrónicos que mensajes de texto.
3 Estamos ayudando a los niños a usar el portátil.
4 Odio el correo basura.
5 La tecnología móvil es muy importante para todo el mundo.

Grammar practice (pp38–39)

1 Match questions 1–8 with answers a–j (two of the answers are not needed).

1 f 2 i 3 a 4 j 5 d 6 b 7 c 8 g

2 Complete these sentences with suitable question words.

1 Por qué 2 Cuándo 3 Dónde 4 quién 5 Qué 6 Cuántas

3 Complete the sentences with *había* or *era*. Translate them into English.

1 había 2 era 3 era 4 era 5 Había 6 había

1 Twenty years ago there was no Facebook.
2 My old mobile was better than the one I've got now.
3 I think the Internet was better without so many adverts.
4 It wasn't easy to use computers from the eighties.
5 There were a lot of people in the shopping centre.
6 In the shop there were some computers with enormous screens.

4 Write the jumbled sentences in the correct order and then translate them into English.

1 Se pueden descargar películas de internet.
2 Es posible borrar correo basura.

3 En mi trabajo se permite usar el correo electrónico.
4 En algunos sitios web no se permite grabar música.
5 En mi instituto no se permite chatear en las salas de chat.
1 You can download films from the internet.
2 It is possible to delete junk mail.
3 You are allowed to use email in my job.
4 It is not allowed to record music on some websites.
5 You can't chat in chatrooms at my school.

5 How would you ask a Spanish friend these questions?

1 ¿Usas mucho Instagram?
2 ¿Cuánto es / cuesta un móvil nuevo?
3 ¿Dónde ves la tele(visión)?
4 ¿Por qué prefieres un portátil a un ordenador?
5 ¿Cuál es tu red social favorita?
6 ¿Te gusta navegar por internet?

Test and revise: Units 1 and 2

Reading and listening

Foundation – Reading and listening (pp42–43)

1 Read this conversation in a chat room. Choose the correct answers.

1 b 2 c 3 a 4 b 5 c

2 Read this email from your Spanish friend, Susana, who is working in a summer camp. Which of the following statements are correct?

B D E G

3 Translate this passage into **English**.

I think (that) social networks / are great, / although sometimes / they can cause arguments / between friends. / This is very sad in my opinion / and it's because some people / write negative things / without thinking about the effects.

4 Lee lo que dicen estos jóvenes sobre la vida futura. Contesta las preguntas en **español**.

1 con el hombre de sus sueños
2 Los padres de muchos de sus amigos tienen una mala relación / no se llevan bien.
3 Tiene mucho tiempo para pensar en su futuro.
4 No sabe qué pensar. / No está seguro.
5 No son (nada) graves.
6 sus parientes y sus amigos

5 Your Spanish friends are talking to you about their friends. For each person write in **English** **one** physical description and **one** aspect of their personality.

	Physical description	Personality
1	Brown hair / wears glasses	Funny
2	Freckles	Serious / polite
3	Curly hair / blond hair	Talkative
4	Tall / a bit fat	Cheerful

Transcript

1 Pablo es el chico de mi clase que conoces. Tiene el pelo castaño y lleva gafas. Es muy gracioso.

2 ¿Te acuerdas de Manuela, la novia de Arturo? Tiene muchas pecas y es un poco seria y formal.

3 María es la chica que es muy, muy habladora. Tiene el pelo rubio y rizado.

4 Felipe es mi mejor amigo desde hace muchos años. Es la persona más feliz que conozco. Es alto y un poco gordo.

6 Escucha a estas dos personas que hablan de las ventajas y las desventajas de las redes sociales. Para cada persona escribe la letra del aspecto positivo y el número del aspecto negativo que mencionan.

1 Aspecto positivo D — Aspecto negativo 1
2 Aspecto positivo B — Aspecto negativo 4

Transcript

1 Lo bueno de las redes sociales es que no tienes que pagar nada. En cambio, paso tanto tiempo chateando con mis amigos que no encuentro tiempo para hacer cosas más importantes.

2 Mis padres tienen razón cuando dicen que en las redes sociales corres el riesgo de chatear con gente que no sabes exactamente quién es. A pesar de esto lo paso genial cuando estoy en contacto con mis compañeros en línea. ¡Me hacen reír tanto!

Writing and translation

Foundation – Writing and translation (pp44–45)

1 Decides compartir esta foto de unos amigos de tu familia en Facebook con un amigo paraguayo. Escribe **cuatro** frases en **español** que describan la foto.

Suggested answers

Hay cuatro personas en la cocina.
Miran un portátil.
Hay un padre, una madre, una chica y un chico.
Las personas están contentas.

2 Un amigo español te ha preguntado sobre tus amigos y tu familia. Escríbele un correo electrónico. Escribe aproximadamente **40** palabras en **español**.

Suggested answer

Mi mejor amiga es muy guapa y tiene el pelo largo y castaño. Es simpática y siempre me hace reír. Me encanta chatear con mis amigos en Facebook. Por desgracia tengo muchas discusiones con mi hermano.

3 Translate the following sentences into **Spanish**.

1. Mi madre es muy amable / simpática.
2. Me llevo muy bien con toda mi familia.
3. Su hija es graciosa / divertida pero a veces me molesta / fastidia.
4. He usado Skype para ponerme en contacto con mi familia en Estados Unidos.
5. No me gusta Instagram porque es un poco aburrido.

4a Un amigo español quiere saber tu opinión sobre las redes sociales y la tecnología móvil. Escríbele un correo electrónico.

Suggested answer

¡Mi móvil es mi vida! Lo uso todos los días para charlar con amigos, enviar mensajes de texto y colgar fotos en Instagram. Ayer pasé muchas horas en el móvil. He descargado un nuevo juego y es fantástico y muy adictivo. No me dormí hasta las dos.

Creo que las redes sociales son fenomenales. A mis amigos les gusta más Facebook pero yo prefiero Twitter porque solo puedes mandar mensajes cortos y no tienes que leer cosas muy aburridas. En mi opinión, en el futuro todas las redes sociales van a ser como Twitter.

4b Tienes un nuevo amigo colombiano. Escríbele una carta.

Suggested answer

La mayor parte del tiempo tengo buena relación con mi familia porque todos son muy simpáticos. Sin embargo, mi hermano me fastidia cuando es egoísta. Mis amigos también son importantes para mí porque puedo hablar con ellos de cosas personales y sociales.

Por desgracia la semana pasada tuve una discusión con mi mejor amiga y ahora no me habla. Estoy muy decepcionada porque el sábado que viene vamos a ir a la misma fiesta y va a ser muy difícil. Lo bueno es que todos mis otros amigos van a estar allí y lo pasaré bien con ellos.

Speaking

Foundation – Speaking (pp46–47)

1 Role play

Model script

Teacher: *Estás hablando con un amigo español / una amiga española. Yo soy tu amigo / tu amiga.*

Dime algo sobre tu mejor amigo o amiga.

Student: Es alto y tiene el pelo corto.

Teacher: *¿Cómo es su personalidad?*

Student: Es amable y divertido.

Teacher: *¿Qué haces con tus amigos?*

Student: Juego al tenis.

Teacher: *Vale.*

Student: ¿Te llevas bien con tu familia?

Teacher: *Sí, muy bien. ¿Qué piensas de tu familia?*

Student: Me gusta mucho.

Teacher: *De acuerdo.*

2 Role play

Model script

Teacher: *Estás hablando con un amigo mexicano / una amiga mexicana. Yo soy tu amigo / tu amiga.*

¿Qué te parece tu móvil?

Student: Es muy bueno.

Teacher: *¿Qué prefieres hacer con el móvil?*

Student: Prefiero mandar mensajes.

Teacher: *¿Cuántas horas al día pasas con el móvil?*

Student: Tres horas.

Teacher: *Bien.*

Student:¿Te gustan las tabletas?

Teacher: *Sí, mucho. Y, ¿qué haces con los ordenadores de tu instituto?*

Student: Aprendo vocabulario español.

Teacher: *Muy bien.*

3 Photo card

Model script

Teacher: *¿Qué hay en la foto?*

Student: Hay un hombre y una mujer. Creo que tienen treinta años, más o menos, y creo también que están casados. Están muy contentos y están delante de su casa, que tiene un jardín bastante grande.

Teacher: *¿Te gustaría casarte en el futuro? ¿Por qué (no)?*

Student: No lo sé porque soy joven y es difícil decidir ahora. Sin embargo, creo que es una buena idea porque si estás enamorado de una persona, te hace sentir feliz. Sin embargo, hoy en día hay muchos divorcios y esto puede causar problemas.

Teacher: *¿Crees que es importante tener un novio guapo / una novia guapa?*

Student: Sí, es bastante importante pero es más importante llevarse bien con la otra persona. Por eso, prefiero tener una novia divertida que una novia guapa.

Teacher: *Describe a un novio perfecto o una novia perfecta.*

Student: Mi novia perfecta tiene el pelo rubio y largo y me hace reír mucho.

Teacher: *¿Quieres tener hijos en el futuro?*

Student: Creo que sí. Es divertido tener hijos, pero también a veces puede ser difícil.

4 Photo card

Model script

Teacher: *¿Qué hay en la foto?*

Student: Hay una mujer que está en un parque grande con muchos árboles. La mujer está usando una tableta. Creo que está chateando con alguien. Es una conversación divertida porque está muy contenta. Tiene unas bolsas y por eso creo que ha comprado ropa.

Teacher: *¿Te gusta Facebook? ¿Por qué (no)?*

Student: Sí, me encanta ya que puedo chatear con mis amigos. También es muy útil porque tengo familia en España que no veo mucho.

Teacher: *¿Qué hiciste en internet la semana pasada?*

Student: Hice los deberes de Historia, que es mi asignatura favorita. También pasé mucho tiempo en Facebook y chateé en una sala de chat.

Teacher: *¿Qué piensas de las salas de chat?*

Student: Me gustan mucho porque tengo muchos amigos en las salas de chat y son muy divertidas.

Teacher: *¿Cuándo usas más las redes sociales?*

Student: Generalmente los fines de semana, cuando tengo más tiempo. También uso Facebook cuando estoy en la cama.

Unit 3: Free-time activities

3.1 Music, cinema and TV

3.1 G ¿Qué te gusta hacer? (pp48–49)

1a Match pictures A–L with statements 1–12.

1 E 2 I 3 J 4 H 5 G 6 K 7 L 8 B 9 F 10 D 11 A 12 C

1b Read the statements again. Write down whether the people like each activity or not.

Like: 2 3 4 5 7 8 9 10 11 12

Dislike: 1 6

2 Listen to six people (1–6) talking about the activities they like and dislike. Complete the grid.

Person	Activity	Like / dislike
1	K	dislike
2	G	like
3	H	like
4	E	dislike
5	F	like
6	A	like

Transcript

1 No me gusta ir a la discoteca porque odio bailar.

2 Tocar la guitarra es fantástico. Me encanta.

3 Por la tarde, me gusta mucho salir con mis amigos.

4 No me gusta ir de compras. Es muy aburrido.

5 Cuando puedo, me gusta ir al cine con mis amigos.

6 Me encanta tocar con la banda. Es muy divertido.

3 Complete the sentences with the correct form of the verb in brackets.

1 Odio 2 Me encanta 3 Me gusta 4 Odio
5 Me encanta 6 Me gusta

4 Use *me gusta / me encanta* and phrases A–F to translate the sentences below. Then work with a partner and take turns to say the Spanish sentences.

1 Me gusta escuchar música.
2 Me encanta tocar el piano.
3 Me encanta salir.
4 Me gusta cantar.
5 Me gusta ver la televisión.
6 Me encanta bailar.

5 Answers will vary.

3.1 F ¿Qué haces en tu tiempo libre? (pp50–51)

1a Which person (A–H below) does one of the following activities?

1 D 2 F 3 H 4 G 5 A 6 E 7 C 8 B

1b Read A–H again. Which time phrases occur in the statements?

1 D 2 C 3 B 4 F 5 A 6 E 7 G 8 H

2a Listen to eight friends talking. Which pastimes are they describing? Use activities 1–8 from activity 1a.

1 4 2 3 3 2 4 6 5 5 6 1 7 8 8 7

2b Listen again. Which time phrase does each one use? Use the numbers from activity 1b.

1 8 2 1 3 6 4 5 5 3 6 4 7 7 8 2

Transcript

1 Javier

Todas las tardes toco el piano. Lo que más me gusta tocar es música clásica.

2 Carla

Siempre bailo cuando voy a la discoteca.

3 Marc

A veces canto con mis amigos en un coro.

4 Mar

De vez en cuando voy a algún concierto en la ciudad.

5 Mary-Luz

Todos los días leo novelas policíacas.

6 Curro

Todas las semanas toco la guitarra con la banda.

7 Andrea

Por lo general escucho música después de terminar los deberes.

8 Simon

Muchas veces charlo con mis amigos por internet.

3 Lee la lista de los programas de televisión. Empareja cada descripción con su equivalente en inglés.

1 Serie policíaca 2 Comedia 3 Dibujo animado
4 Noticias 5 Telenovela 6 Película de ciencia ficción
7 Documental

4 Escucha a estas personas hablar de los programas que les gustan y de los que no les gustan. Completa la tabla.

Nombre	Le gustan	No le gustan
1 Luis	dibujos animados	documentales
2 Noelia	comedias	series policíacas
3 Enrique	noticias	telenovelas
4 Julia	películas de ciencia ficción	películas románticas
5 Rafael	documentales	dibujos animados

Transcript

1 Yo creo que los documentales son muy aburridos. Me gustan más los dibujos animados.

2 Mis programas favoritos son las comedias. Las series policíacas me parecen tristes.

3 Las telenovelas son tontas. Es mucho más importante ver las noticias.

4 Me interesan mucho las películas de ciencia ficción. Nunca veo películas románticas.

5 Odio los dibujos animados pero algunos documentales me encantan.

5 Read the text and complete the grid.

Day	Activity
Monday	Singing
Tuesday	Playing the piano
Wednesday	Listening to music
Thursday	Watching television
Friday	Dance class
Saturday	Reading
Sunday	Chatting on the internet

6 Translate these sentences into Spanish.

1. Por lo general, los domingos escucho música por la tarde.
2. Muchas veces, los martes, canto con mi banda.
3. A veces, los viernes voy a clases de baile.
4. Los fines de semana, siempre leo alguna novela.
5. De vez en cuando, los sábados toco la guitarra con un(a) amigo/a.

7 Answers will vary.

3.2 Food and eating out

3.2 G Comer y beber (pp52–53)

1 Listen to six people (1–6) talking about what they are going to buy. Write the letter of the items they buy.

1 I B 2 J A 3 D F 4 G 5 H C 6 E

Transcript

1. Hoy quiero comprar algunos tomates y un poco de queso.
2. Tengo que ir a comprar pan y manzanas.
3. Esta tarde tengo que comprar huevos y jamón.
4. Para la cena de esta noche voy a comprar pollo.
5. Voy a comprar leche y yogur al supermercado.
6. Lo único que necesito es agua mineral.

2 Write this shopping list in Spanish.

jamón

huevos

leche

una barra de pan

queso

tomates

3 What are these people ordering at a café? Answer in English.

1. a cheese sandwich and a bottle of milk
2. a ham omelette and a bottle of water
3. a chicken sandwich and a yoghurt
4. a cheese and tomato sandwich and an apple
5. ham and eggs and mineral water

4 Work with a partner. Use activity 3 and the vocabulary in the box to order these items at a café.

1. Quiero un bocadillo de jamón y tomate y un yogur.
2. Quiero una tortilla de queso y una botella de agua.
3. Quiero una tortilla de jamón y un vaso de leche.
4. Quiero un bocadillo de pollo y una manzana.
5. Quiero un bocadillo de queso y jamón y una botella de leche.
6. Quiero un bocadillo de huevo y un vaso de agua.

5 Listen to six people (1–6) talking about what they eat normally. Write down what they eat in English using the words below.

1. toast and butter
2. salad and fruit
3. soup and spaghetti (pasta)
4. tea and cereal
5. fish and vegetables
6. meat, pulses, coffee

Transcript

1. Normalmente para desayunar, tomo tostadas con mantequilla.
2. Para comer, primero como una ensalada y de postre tomo fruta.
3. Para cenar, lo que más me gusta de primero es la sopa y de segundo plato, los espaguetis.
4. Con el desayuno siempre tomo té y cereales.
5. Para cenar, muchas veces tomo pescado con verduras.
6. Primero como carne con legumbres y después de la cena, tomo un café.

6 Read the texts and answer the questions. The answer may be more than one person. Write A (Andrés), B (Beatriz) or C (Carlos).

1 B C 2 A B C 3 A 4 B 5 A C 6 B 7 A C 8 A 9 C 10 B

7 Answers will vary.

3.2 F W Vamos a comer fuera (pp54–55)

1 Sort the following items into four categories: (1) meat, (2) fish or seafood, (3) vegetarian and (4) drinks.

Meat	Fish / Seafood	Vegetarian	Drinks
el chorizo	el bocadillo de atún	los champiñones	el agua con gas
el jamón serrano	los calamares	el queso	el agua sin gas
	las gambas	la tortilla de patata	la cerveza
	las sardinas		la limonada
			la naranjada
			la sangría
			el vino blanco
			el vino tinto

2 Listen to a waitress placing six orders (1–6) in a Spanish café. Match each order to the trays of food below.

1 C 2 E 3 B 4 A 5 F 6 D

Transcript

Para la mesa uno, un vino blanco, una cerveza, sardinas y jamón serrano.

Para la mesa dos, chorizo, queso, una sangría y una limonada.

Para la mesa tres, una ración de gambas, una de calamares, una naranjada y un vino blanco.

Para la mesa cuatro, un bocadillo de atún, una ración de jamón serrano, un vino tinto y una naranjada.

Para la mesa cinco, un vino blanco, una ración de calamares, una de tortilla de patata y un vino tinto.

Para la mesa seis, una ración de champiñones, una de tortilla, una cerveza y una limonada.

3 Trabaja con un(a) compañero/a. Pide estas cosas en un café. Usa el ejemplo como modelo.

2 Para mí, una limonada, una ración de tortilla de patata y una de chorizo.
3 Para mí, un agua mineral sin gas, una ración de gambas y una de jamón serrano.
4 Para mí, una naranjada, una ración de queso y una de sardinas.
5 Para mí, un agua con gas y un bocadillo de atún.
6 Para mí, una limonada, una ración de jamón serrano y una de champiñones.

4 Listen to four friends ordering their food from the menu on the right. Complete the grid. Include what they order to drink.

	Starter	Main	Dessert
Ana	tuna salad	beef steak	chocolate ice cream
Bea	green beans with ham	lamb chops	pineapple
César	onion soup	seafood paella	strawberry yoghurt
David	spaghetti in tomato sauce	chicken and chips	peach

Drink: a bottle of sparkling mineral water

Transcript

— Buenas tardes. ¿Qué van a tomar?

— Tú primero, Ana.

— Yo quiero la ensalada de atún, después un bistec y de postre un helado de chocolate. ¿Qué vas a tomar, Bea?

— Para mí, de primero las judías verdes con jamón, de segundo las chuletas de cordero y, de postre piña.

— ¿Y para ti, César?

— De primero sopa de cebolla, de segundo la paella de mariscos y después un yogur de fresa. Qué quieres, David?

— Yo voy a tomar los espaguetis con salsa de tomate. De segundo quiero pollo con patatas fritas y, de postre un melocotón.

— ¿Qué quieren para beber?

— Una botella de agua mineral con gas.

5 Mira el menú. Adapta las cosas para decir las siguientes frases.

1 ensalada de jamón
2 sopa de tomate
3 bacalao con patatas fritas y judías verdes
4 yogur de piña
5 helado de fresa
6 pollo con guisantes

6 Translate these sentences into Spanish.

1 Normalmente como ensalada, pero hoy quiero sopa.
2 Desafortunadamente las judías están frías.
3 Generalmente, las gambas aquí son deliciosas.
4 Desafortunadamente, la comida está mal.
5 Ricardo come aquí frecuentemente

7 Answers will vary.

3.3 Sport

3.3 G ¿Haces deporte? (pp56–57)

1 Match statements (1–10) with pictures (A–J).
1 G 2 C 3 I 4 D 5 F 6 A 7 J 8 E 9 H 10 B

2 Choose the correct verb to complete the sentences.
1 hace 2 juega 3 juegan 4 hacemos 5 haces 6 juego 7 jugamos 8 hacen

3a Listen to Pedro talking about the sport he does during the week. Match the sports venues in Spanish to the translations in English.
1 d 2 g 3 f 4 c 5 b 6 a 7 e

3b Listen again. What does he do on each day of the week? Complete the grid using the sports from activity 1.

Día	Deporte
lunes	A
martes	D
miércoles	H
jueves	G
viernes	I
sábado	B
domingo	J

Transcript

1 El lunes voy al parque y juego al fútbol.
2 El martes voy a las canchas y juego al tenis.
3 El miércoles voy al campo y hago equitación.
4 El jueves voy a la piscina y hago natación.
5 El viernes voy al estadio y hago atletismo.
6 El sábado voy al polideportivo y juego al baloncesto.
7 El domingo voy a la pista de hielo y hago patinaje.

4 Read these comments. What sport does is mentioned and how is it described?
1 skating – difficult
2 football – active
3 swimming – good for health
4 golf – boring
5 horse riding – peaceful
6 cycling – fun

5 Answers will vary.

6a Read what these young people say. Find how you say phrases 1–4 in Spanish.
1 Cuando no tengo que ayudar en casa, …
2 Si hace buen tiempo, …
3 Si no tengo deberes, …
4 Cuando puedo, …

6b Answer these questions in English.
1 in the garden with his brother
2 it's relaxing
3 on the courts in the park
4 it's fun
5 his father
6 spending the day outdoors

7 Answers will vary.

3.3 F ¿Qué deporte harás? (pp58–59)

1 Pablo está organizando una semana de actividades. Escucha. ¿En qué orden las hará?
D B C A E

Transcript

Primero, iré al gimnasio – es una buena actividad para empezar la semana. Al día siguiente, haré esquí en las montañas al norte de la ciudad. Al día siguiente haré vela en la costa cerca de mi casa. Antes de terminar la semana iré otra vez a las montañas para hacer alpinismo; será muy divertido. Finalmente, pasaré un día muy relajante porque iré a pescar. ¡Qué semana más emocionante!

2 Read statements 1–6. Match each one to the correct pair of sentences below.
1 2 e 2 4 f 3 5 b 4 6 c 5 1 d 6 3 a

3 Answers will vary.

4 Escucha a estas personas hablar de deporte. ¿Qué deporte practican ahora? ¿Qué deporte practicarán en el futuro? Copia y completa la tabla en español.

	Deporte ahora	Deporte en el futuro
1	nadar / ir a la piscina	ir al gimnasio
2	baloncesto	alpinismo
3	ciclismo	vela
4	atletismo	pesca
5	equitación	esquí

Transcript

1 Normalmente voy a la piscina los martes, pero mañana iré al gimnasio con mi hermana.

2 Por lo general juego al baloncesto, pero la semana próxima probaré el alpinismo.

3 Cada domingo hago ciclismo, pero este fin de semana haré vela.

4 Hago atletismo dos veces a la semana pero este viernes iré a pescar.

5 Normalmente, me gusta hacer equitación, pero este invierno haré esquí.

5 Paloma and Silvia are twins. Read about their sporting interests and answer the questions. Write P (Paloma), S (Silvia) or P+S (Paloma and Silvia).

1 P 2 P+S 3 P+S 4 P+S 5 S 6 P 7 P 8 S 9 P 10 P

6 Complete the text with the future form of the verbs.

1 irán 2 hará 3 probará 4 participarán 5 daré 6 harás 7 jugaré 8 estarán 9 decidirán 10 dormirá

Grammar practice (pp60–61)

1 Translate the sentences into Spanish.

1 Me gustan las gambas.
2 No me gustan los champiñones.
3 Me gustan los calamares.
4 No me gustan las sardinas.
5 Me gustan las chuletas de cerdo.
6 No me gustan los guisantes
7 Me gustan las patatas fritas.
8 No me gustan las judías verdes.

2 Complete the sentences with the present form of the verb. Then translate into English.

1 ven 2 va 3 veo 4 Tienes 5 voy 6 tiene 7 hago 8 doy 9 salgo 10 doy

1 My friends watch science fiction films.
2 Ricardo goes to the sports centre with his father.
3 Normally I watch TV in the evenings.
4 Have you got time to go to the cinema this weekend?
5 I go shopping with my friend on Saturdays.
6 Rubén's got a new computer.
7 On Sunday afternoons, I do a lot of homework.
8 I sometimes go for a walk with the dog in the countryside.
9 I go out with my friends at the weekends.
10 I give dance classes to small girls.

3 Complete the sentences with the correct words.

1 conmigo 2 con nosotros 3 con ellos 4 contigo 5 con vosotros 6 con ella 7 conmigo 8 contigo

4 Complete the sentences with the correct words.

1 para ella 2 para ellos 3 para mí 4 para ti 5 para nosotros 6 para vosotros 7 para nosotros 8 para él

5 Write a sentence in Spanish to express each opinion.

1 Me gustan mucho las películas de acción.
2 Me gusta bastante jugar al voleibol.
3 No me gustan nada los documentales.
4 Me gusta mucho el deporte.
5 Me gusta bastante leer.
6 No me gusta nada ir de compras.
7 Me gusta mucho la música rap.
8 Me gustan bastante las series policíacas.

6 Complete the sentences with the correct words.

1 habrá 2 saldremos 3 Harán 4 Tendrás 5 Habrá 6 Haré 7 saldrá 8 Tendremos

Unit 4: Customs and festivals

4.1 Spain and customs

4.1 G La vida en familia (pp64–65)

1 Match pictures A–F with the descriptions 1–6.

1 E 2 D 3 B 4 F 5 A 6 C

2 Listen to Anthony, a student from the UK, telling his Spanish friend about his work experience placement in an office in Salamanca. Match each of his statements with one of the pictures above.

1 B 2 A 3 F 4 E 5 D 6 C

Transcript

1 Normalmente tomo huevos con tostadas pero esta mañana sólo tomé un trozo pequeño de pastel y una bebida fría.

2 Durante la mañana todos salimos de la oficina y fuimos al bar para tomar un café. Creo que en España el café es muy importante.

3 A las dos salí de la oficina y fui a casa para comer. Fue una comida grande de dos platos y un postre.

4 Anoche cené con la familia a las nueve y media. No fue una comida grande: sólo dos platos - pollo y ensalada.

5 No comimos rápido como en Inglaterra y, después de terminar, nos quedamos en la mesa charlando un rato. Esto se llama la sobremesa.

6 Creo que la comida aquí es muy sana ya que tienen todos los productos naturales del Mediterráneo y muy poca comida basura.

3 Listen to Anthony's next description of his routine in Spain. Complete the grid with the correct letters to show the times he mentions.

Event	At home	In Spain
Breakfast	D	E
Break	I	J
Lunch	A	B
Evening meal	C	F
Bedtime	G	H

Transcript

1 En casa desayuno a las siete y media. Aquí en España es más tarde, a las ocho.

2 En el instituto hay un recreo a las once y cuarto pero aquí en la oficina es a las doce menos cuarto.

3 En mi casa siempre comemos a la una. Aquí la familia come a las dos y media. ¡Qué tarde!

4 En Inglaterra cenamos a las cinco y media todas las tardes. En España cenamos a las nueve.

5 Normalmente me voy a la cama a las diez y media pero aquí en España me acuesto a las once.

4 Read the sentences and find verbs in the preterite tense. Then translate them into English.

1 tomamos *we had*
2 comí *I ate*
3 salió *she left*
4 tomaron *they had*
5 charlé *I chatted*

5 Complete Andrea's diary about her exchange visit to England with the correct form of the preterite.

1 levanté 2 desayuné 3 comí 4 bebí 5 salí 6 cogí 7 participé 8 probé 9 volví 10 ayudé

6 Answers will vary.

7 Answers will vary.

4.1 F Algunas costumbres regionales (pp66–67)

1 Match the Spanish and English words and say whether each word is a noun or an adjective.

1 I noun 2 E noun 3 C noun 4 J noun 5 H adjective 6 F adjective 7 B noun 8 L noun 9 K noun 10 G adjective 11 A adjective 12 D adjective

2a Which festival does each sentence below refer to? Write A, B, C or D.

1 B 2 D 3 A 4 C 5 B 6 D 7 A 8 D

2b Answers will vary.

3a Escucha a estos cuatro amigos (1–4) hablando de las fiestas. ¿Expresan ideas positivas or negativas? Escribe **P**, **N** or **P+N**.

1 N 2 P+N 3 P 4 P

3b Escucha otra vez y escribe los adjetivos españoles correspondientes.

1 tonto 2 precioso 3 incómodo 4 demasiada 5 entretenida 6 agradable 7 interesante 8 única 9 fascinante 10 impresionante

Transcript

No entiendo por qué a la gente le gusta el peligro de correr con los toros; me parece tonto. No hay seguridad para los participantes y creo que los animales sufren.

Cuando vi los desfiles de moros y cristianos, pensé que era un espectáculo precioso con todos los trajes bonitos, pero me sentí incómoda en las calles porque había demasiada gente.

El Colacho fue una experiencia muy entretenida. Todo el mundo lo pasó muy bien y había un ambiente muy agradable. Lo encontré muy interesante y pienso que es una fiesta absolutamente única.

> El año pasado, fui a ver las torres humanas en Tarragona. Es una fiesta fascinante y el proceso de formar la torre fue impresionante. Nos divertimos mucho ese día.

4 Translate these sentences into Spanish, using the preterite tense.

1 El año pasado visité Pamplona. El encierro es una costumbre extraña y fascinante.
2 Fue muy emocionante y la ciudad fue interesante.
3 Hace dos años fuimos a Burgos y vimos el Colacho; fue muy entretenido.
4 Ayer fuimos a ver el desfile. No me gustó mucho porque fue aburrido.
5 Vimos un concurso muy interesante. Las torres humanas fueron impresionantes.

5 Answers will vary.

4.2 Festivals in Spain and Hispanic countries

4.2 G Las fiestas de España – la Tomatina (pp68–69)

1a Read the article. Put the events in the order that they took place.

3 5 2 1 4

1b Read Ana's article again and decide which of the following statements are true.

2 3 5

1c Read the article again and look for three verbs in the imperfect tense. Then complete the sentences with the correct verb.

1 servía 2 tomaba 3 participaban 4 hacía
5 ayudaban 6 pasaban

2 Listen to four facts (1–4) about *la Tomatina*. Match them to the correct aspects below.

1 E 2 A 3 D 4 C

Transcript

1 Hoy en día, la Tomatina se celebra todos los años el último miércoles de agosto.
2 Es una fiesta muy popular pero tienen que limitar el número de participantes. Venden veinte mil entradas cada año.
3 Muchos visitantes son de España pero este año los más numerosos han sido los australianos, japoneses, británicos y americanos.
4 La fiesta comenzó hace años, en 1945, cuando unos niños se tiraron tomates durante una procesión.

3 Work in pairs to describe what Ana and her friends did and what happened, using the preterite.

1 ...llegaron a la plaza Mayor.
2 ...comieron un bocadillo y bebieron un café.
3 ...empezaron a aparecer (con montones de tomates).
4 ...tiraron tomates.
5 ...se quedaron las camisetas rojas y muy sucias.
6 ...lo pasaron muy bien.

4 Using vocabulary and phrases from the text, translate these sentences into Spanish.

1 El año pasado mis amigas/amigos y yo participamos en una fiesta.
2 Llegamos a las diez y fuimos a la plaza Mayor.
3 Todos nos tiramos tomates y nos quedamos completamente mojados.
4 Al final, nos quedaron las camisetas muy sucias.
5 Lo pasamos muy bien.

5 Answers will vary.

4. 2 F Las fiestas del mundo hispano (pp70–72)

1a Read Cristina's account of her childhood in Mexico and choose the correct option to complete the sentences below.

1 b 2 a 3 c 4 b 5 a 6 b 7 c 8 a

1b Completa las frases con el verbo correcto.

1 vivía
2 celebraba
3 Hacían / ponían
4 encendían
5 ayudaba
6 visitaba / veía

2a Listen to Nicolás talking about 'El Carnaval de Oruro', a festival in his home town in Bolivia. Decide whether the following statements are true (**T**), false (**F**) or not mentioned (**NM**).

1 F 2 T 3 NM 4 T 5 F 6 F 7 F 8 T 9 NM

2b Escucha otra vez y rellena los números que faltan en estas frases.

1 17 2 230 3 200,000 4 200 5 10

Transcript

Hola, me llamo Nicolás, tengo diecisiete años y soy de Bolivia. Vivo en la ciudad de Oruro, que está a unos doscientos treinta kilómetros de La Paz. Oruro está en las montañas de Bolivia y mucha gente trabaja en las minas de plata y de estaño cerca de la ciudad. Sin embargo, en la actualidad la industria del turismo es muy importante. Cada año doscientas mil personas visitan la ciudad para participar en el famoso carnaval de Oruro. El carnaval es muy famoso y antiguo; empezó hace unos doscientos años. El carnaval se celebra todos los años en febrero y hay unos diez días de desfiles, bailes y música. Los mineros ofrecen regalos al diablo para protegerlos en las minas y bailan un baile tradicional que se llama la Diablada.

3 Translate these sentences into English.

1 During the festival they prepared traditional dishes and lit candles.
2 It was a very popular festival and the people dressed up as devils and skeletons.
3 We watched the parades and the dancing in the streets.
4 There were firework displays at the end of the day.
5 More than two thousand people went to the carnival which lasted about five days.

4 Answers will vary.

5 Answers will vary.

Grammar practice

1 Complete the sentences with the appropriate form of the verb. Then translate them into English.

1 Esta mañana **me levanté** a las siete.
2 Rafael **se duchó** antes de desayunar.
3 Mis padres **se casaron** en la iglesia.
4 Mis amigos y yo **nos divertimos** en la fiesta.
5 ¿A qué hora **te acostaste** anoche?
6 Vosotros **os despertasteis** muy temprano hoy, chicos.
7 Nosotros **nos sentimos** muy emocionamos durante el encierro.
8 Anoche mi hermana y yo **nos reunimos** con nuestros amigos.
9 Ayer **me perdí** por las calles de Valencia.
10 Isabel **se enfadó** con su hermana.

1 This morning I got up at seven.
2 Rafael showered before having breakfast.
3 My parents got married in church.
4 My friends and I enjoyed ourselves at the festival.
5 What time did you go to bed last night?
6 You got up very early today, boys.
7 We felt excited during the bull run.
8 Last night my sister and I met with our friends.
9 I got lost in the streets of Valencia yesterday.
10 Isabel got angry with her sister.

2a Complete the sentences with the correct form of the verb and the adjective.

1 Ayer **fui** a las Fallas. Fueron muy **divertidas**.
2 El mes pasado Carmen **visitó** Pamplona. Es una ciudad muy **bonita**.
3 Nosotros **participamos** en un concurso absolutamente **único**.
4 Yo **vi** los desfiles durante la fiesta. Fueron muy **impresionantes**.
5 Muchos jóvenes **participaron** en el encierro. Fue muy **peligroso**.
6 **Comí** unas tapas típicas en la plaza.
7 Mi familia y yo **fuimos** a las Fallas. Nos **encantó** el ambiente.
8 Las familias prepararon platos **típicos**.
9 **Conocí** algunas tradiciones españolas. Algunas costumbres son un poco **tontas**.
10 Los participantes **gastaron** mucho dinero en los disfraces. Eran **preciosos**.
11 Nosotros **pasamos** una semana en Ronda. Nos **gustó** mucho.
12 Toni **participó** en la Tomatina. Fue muy **emocionante**.
13 Fue un día muy **entretenido** y **volví** el día después.
14 Yo **fui** a varias fiestas. Creo que son **fascinantes**.

2b Match up the sentence pairs.

1 d 2 a 3 e 4 c 5 b

3 Complete the sentences with the correct form of the verb. Then translate them into English.

1 había 2 hay 3 Hay 4 había 5 Había

1 When we went to Valencia there was a lot of noise and fireworks.
2 Spain is a very interesting country and there are fascinating traditions in all the regions.
3 Tomorrow we're going to visit Sa Pobla. There is a festival.
4 Yesterday there was a lot of snow and the school was closed.
5 There were some delicious tapas in the bar and we ate very well.

4 Match each number with the correct sentence.
1 19 2 300 3 56 4 275 5 22,000 6 125 7 200,000 8 1945 9 18 10 40

5 Translate the phrases into Spanish, writing the numbers as words.

1 cincuenta y dos años
2 setenta y ocho casas
3 veinticuatro personas
4 doscientas participantes
5 noventa y siete kilómetros
6 tres mil horas
7 el año mil novecientos noventa y ocho
8 seiscientos habitantes
9 treinta y cinco ciudades
10 sesenta y tres días

Test and revise: Units 3 and 4

Reading and listening

Foundation – Reading and listening (pp76–77)

1 Read this article from a food magazine about Spanish customs and answer the questions.
1 c 2 a 3 a 4 c 5 a

2 Lee el programa de actividades y decide qué persona debería ir a la fiesta en qué día
1 E 2 D 3 F 4 B 5 A

3 You have received this message. Translate it into **English** for your friend.
Last night I went to a concert with my friend Jaime. We saw our favourite group / band; it was great / fantastic / brilliant and they played for nearly three hours. We bought T-shirts and then / later / next we ate a burger before returning / going back home. Tonight we are going to the cinema and tomorrow we are going out to eat / for dinner / for a meal.

4 Listen to Pablo and Sofía talking about the festivals in their towns. What advantages and disadvantages does each person mention?

1 Advantage B Disadvantage E
2 Advantage C Disadvantage H

Transcript

1 Me llamo Pablo. Vivo en Buñol y cada año las calles se llenan de gente y tomates para la Tomatina, la famosa fiesta de este pueblo. Es muy agradable que miles de personas se reúnan en un ambiente alegre pero, por otro lado, al final los voluntarios tienen que limpiar todos los tomates y la basura de las calles. Es un trabajo muy sucio.

2 Soy Sofia y soy de Pamplona. Todos los años en julio celebramos los Sanfermines. El aspecto más famoso es el encierro. Consiste en que los toros corren por las calles llenas de gente. Esta fiesta es muy buena para la imagen de la ciudad porque Pamplona sale en la televisión todos los días. Para mí lo peor es que todos los restaurantes y las tiendas suben los precios durante la fiesta.

5 Yolanda describe lo que hizo en sus vacaciones deportivas. ¿Qué deporte hizo en qué día? Contesta en **español**.
1 pescar 2 nadar 3 esquiar 4 patinar 5 montar en bicicleta

Transcript

El primer día pescamos en el lago al lado del hotel. Fue muy tranquilo. El martes me quedé en el hotel y lo pasé bien nadando en la piscina. El miércoles hizo buen tiempo y esquiamos por la montaña. El jueves visitamos la pista de hielo de la ciudad y patinamos un rato. Finalmente, el viernes montamos en bicicleta y dimos una vuelta por el campo.

6 Escucha a José Luis hablando de su día. ¿Qué actividades menciona y cuándo las hace? Completa la tabla con las letras correspondientes.
Pasado C **Ahora** E **Futuro** B

Transcript

De momento estamos en la plaza tomando unas raciones de gambas, chorizo, y albóndigas. Ayer fuimos a un concierto de música clásica para guitarra: fue una actuación muy impresionante. Esta noche iremos al estadio para el gran partido de la Copa. Seguro que vamos a ganar.

7 Listen to these four people talking about typical customs in their country. Decide whether their comments are positive (**P**), negative (**N**) or positive and negative (**P+N**).
1 P+N 2 N 3 P 4 N

Transcript

1 Es genial que las clases terminen a las dos y media porque tienes oportunidad de hacer muchas otras cosas. Sin embargo, es desagradable tener que levantarse temprano para llegar al instituto a las ocho.

2 Creo que cenar a las nueve es demasiado tarde. Vas a la cama y acabas de comer y a veces, para mí, es difícil dormir. Creo que no es lo mejor para la salud.

3 Estoy muy a favor de la idea de la siesta. Es importante descansar después de comer y es bueno para el cuerpo y la mente. Además, con el calor que hace, es imposible trabajar a esas horas.

4 El horario de trabajo aquí en España es muy difícil, creo yo. Es muy duro volver a la oficina después de comer y no llego a casa hasta las ocho y media. Parece que me paso toda la vida trabajando.

Writing and translation

Foundation – Writing and translation (pp78–79)

1 Imagina que sacas esta foto de la feria en Sevilla y se la mandas a un amigo español. Escribe **cuatro** frases en **español** para describir la foto.

Suggested answers

Es una foto de una fiesta muy alegre en Sevilla.

Hay un grupo de personas que canta y toca música.

Las mujeres llevan la ropa tradicional de su región.

Comen tapas y beben vino blanco.

2 Decides colgar esta foto en una red social. Escribe **cuatro** frases en **español** para describir la foto.

Suggested answer

En la foto hay una familia numerosa en la mesa del jardín.

Hace sol y bastante calor.

Hay una paella y una ensalada.

Creo que celebran un cumpleaños o un aniversario.

3 Un amigo español te ha preguntado cómo es un día típico en una casa inglesa. Mándale una carta describiendo la rutina de tu familia. Escribe aproximadamente **40** palabras en **español**.

Suggested answer

Me levanto a las siete y me acuesto a las diez. Comemos a la una y cenamos a las seis. El horario del instituto es de las nueve a las cuatro pero los trabajadores terminan a las cinco. Por la tarde escucho música.

4 Translate the sentences into **Spanish**.

1 Mañana vamos a Valencia a ver el espectáculo de fuegos artificiales.
2 Ayer fui al cine y vi una película muy buena.
3 Carlos toca la batería y Lourdes canta con la banda.
4 Me gusta probar los platos típicos de la región.
5 El año pasado celebramos las Navidades en casa de mi abuela.

5a Para celebrar una ocasión especial saliste con la familia a cenar. Escribe a un amigo describiendo la cena. Escribe aproximadamente **90** palabras en **español**. Responde a todos los aspectos de la pregunta.

Suggested answer

Anoche fue una ocasión especial, el cumpleaños de mi madre, y fuimos a un restaurante a cenar. De primero tomé gambas: estaban muy ricas. De segundo probé la paella de mariscos, que me gustó mucho, y de postre comí un helado de chocolate. ¡Muy rico! Bebí una limonada y, después de la cena, tomé un café. Toda la familia comió bien y lo pasamos muy bien. El restaurante era muy elegante y los camareros eran muy atentos. Había un pastel de cumpleaños para mi madre y todos cantamos 'Cumpleaños feliz'.

5b Un amigo español te escribe pidiendo información sobre cómo pasan su tiempo libre los ingleses. Escríbele sobre tus intereses. Escribe aproximadamente **90** palabras en **español**. Responde a todos los aspectos de la pregunta.

Suggested answer

Los fines de semana hago muchas cosas. El sábado trabajo en una cafetería cerca de mi casa. Soy camarero/a y sirvo a los clientes la comida y la bebida. El domingo por la mañana juego al fútbol con el equipo de mi pueblo y por la tarde descanso. A veces veo la tele. Mis programas favoritos son los 'reality' y las series policíacas. El sábado pasado salí con mis amigos al cine para ver una película de ciencia ficción. No me gustó mucho, prefiero las películas románticas.

Speaking

Foundation – Speaking (pp80–81)

1 Role play

Model script

Teacher: *Estás hablando con un amigo chileno / una amiga chilena. Yo soy tu amigo / tu amiga.*

¿Cuáles son tus pasatiempos favoritos?

Student: Me gusta tocar el piano y salir con mis amigos.

Teacher: *¿Por qué te gustan estos pasatiempos?*

Student: Tocar el piano es relajante pero creativo y salir con mis amigos es divertido y relajante.

Teacher: *¿Qué actividad no te gusta?*

Student: No me gusta el esquí.

Teacher: *¿Por qué no te gusta el esquí?*

Student: Porque el esquí es muy difícil y hace mucho frio en las montañas.

Teacher: *Sí, es verdad.*

Student: ¿Cuál es tu música favorita?

Teacher: *Mi música favorita es el pop.*

2 Role play

Teacher: *Estás hablando con el empleado / la empleada de la oficina de turismo de Valencia. Yo soy el empleado / la empleada. ¿En qué puedo ayudarle?*

Student: Quisiera comprar entradas para la Tomatina.

Teacher: *¿Cuántas quiere?*

Student: Quiero cuatro entradas en total.

Teacher: *Muy bien.*

Student: ¿Cuánto son las entradas?

Teacher: *Son veintidós euros cada persona. ¿A qué hora quiere volver a Valencia en autocar?*

Student: Queremos volver a las cuatro de la tarde.

Teacher: *De acuerdo. Aquí tiene las entradas.*

Student: ¿A qué hora sale el autocar de Valencia a Buñol?

Teacher: *A las nueve de la mañana.*

3 Role play

Model script

Teacher: *Estás hablando con un amigo español / una amiga española. Yo soy tu amigo / tu amiga.*

¿Cuáles son tus platos favoritos?

Student: Me gustan las hamburguesas y la fruta.

Teacher: *¿Qué comida de otros países te gusta?*

Student: Me gusta la pizza y el chorizo.

Teacher: *¿Dónde cenas para una ocasión especial?*

Student: Ceno en un restaurante en familia.

Teacher: *¿Qué tipo de comida no te gusta?*

Student: No me gusta nada el pescado porque el olor es horrible.

Teacher: *A mí tampoco me gusta.*

Student: ¿Cuál es tu bebida preferida?

Teacher: *Mi bebida preferida es el agua mineral con gas.*

4 Photo card

Model script

Teacher: *¿Qué hay en la foto?*

Student: Hay una mujer que está dormida en el sofá. Duerme la siesta por la tarde después de la comida.

Teacher: *¿Por qué los españoles duermen la siesta?*

Porque hace calor por la tarde y necesitan relajarse.

Teacher: *¿Crees que sería beneficioso dormir la siesta en Inglaterra? ¿Por qué (no)?*

Student: No, porque no tenemos tiempo. La hora de comer no es muy larga.

Teacher: *¿Qué diferencia hay entre las horas de comer en España y en tu país?*

Student: En España comen más tarde que en mi país. Comen a las dos o las tres y cenan a las nueve o las diez.

Teacher: *¿Qué piensas del horario típico de los institutos españoles – de las ocho a las dos y media?*

Student: Pienso que es una buena idea porque tienes las tardes libres para hacer otras actividades.

5 Photo card

Model script

Teacher: *¿Qué hay en la foto?*

Student: Hay tres personas en el gimnasio, dos hombres y una mujer. Hacen ejercicio.

Teacher: *¿Por qué es popular ir al gimnasio?*

Student: Porque es importante hacer ejercicio y estar en forma.

Teacher: *¿Qué actividades deportivas les gustan a tus amigos?*

Student: Les gusta el fútbol y el rugby pero uno de mis amigos prefiere el hockey.

Teacher: *¿Qué deporte te gustaría probar en el futuro?*

Student: Me gustaría hacer vela. Es un deporte divertido y emocionante.

Teacher: *¿Qué deportes te gusta ver por televisión y por qué?*

Student: Me gusta ver atletismo por televisión porque hay algunos atletas británicos muy buenos.

Theme 2: Local, national, international and global areas of interest

Dictionary skills

Not in the dictionary? Oh yes it is! (p83)

1 Three steps to arrive at Spanish plural words

1	a tooth	b el diente	c los dientes
2	a leaf	b la hoja	c las hojas
3	a man	b el hombre	c los hombres
4	a child	b el/la niño/a	c los/las niños/as

2 Identifying the right verbs

1	a finish	b terminar
2	a lose	b perder
3	a do	b hacer
4	a see	b ver

Unit 5: Home, town, neighbourhood and region

5.1 Home

5.1 G Mi casa (pp84–85)

1 Complete the grid with the words below. Some words may fit in more than one column. Then say what all the words mean in English.

En la cocina...	En el salón...
el armario (*cupboard*)	la alfombra (*carpet / rug*)
la cocina de gas (*gas cooker*)	la butaca (*armchair*)
los electrodomésticos (*electrical appliances*)	el espejo (*mirror*)
el fregadero (*sink*)	la estantería (*shelves*)
la lavadora (*washing machine*)	la librería (*bookcase*)
el lavaplatos (*dishwasher*)	la mesa (*table*)
la mesa (*table*)	la planta (*plant*)
el microondas (*microwave*)	la silla (*chair*)
la nevera (*fridge*)	el sillón (*armchair*)
la silla (*chair*)	el sofá (*sofá / settee*)
	la televisión (*TV*)

En el cuarto de baño...	En el dormitorio...
la bañera (*bath*)	la alfombra (*carpet / rug*)
la ducha (*shower*)	el armario (*wardrobe / cupboard*)
el espejo (*mirror*)	la cama (*bed*)
el lavabo (*washbasin*)	el espejo (*mirror*)
	la estantería (*shelves*)
	la librería (*bookcase*)
	la mesa (*table*)
	la silla (*chair*)
	la televisión (*TV*)

2 Read Maite's blog article and then answer the questions.

1. She loves it.
2. Her bedroom because it's quiet and she has a lot of her things there.
3. The bed is comfortable and the walls are painted white.
4. Her sister is very noisy and her room is very untidy.
5. She's left some trainers on the bed, some jeans on the bookcase and a lot of books, several exercise books and some T-shirts on the floor.
6. She wants to know what it's like and if you've got room for lots of your things.

3 Listen to the González family talking about a new flat. What do each of them think about it? Write **P** if they have a positive opinion, **N** if they have a negative one or **P+N** for both.

1 P 2 N 3 P+N 4 N 5 P+N

Transcript

— ¿Qué opinas del piso, papá?

— Pues no le veo nada negativo. Tiene cuatro dormitorios, que es lo que nos hace falta y, además, tiene una terraza muy grande que será ideal en verano.

— Y ¿qué piensas tú, mamá?

— En mi opinión, la cocina parecía muy pequeña y no había nevera. ¿Qué haremos si no tenemos una nevera bastante grande para guardar la comida? Y a ti, Carlos, ¿te gustó?

— Sí, mucho. Sobre todo, me gusta la idea de tener mi propio dormitorio. Pero no quiero vivir tan lejos de todos mis amigos. ¿Qué te parece, Elena?

— El cuarto de baño no era muy moderno y no me gustó nada el salón porque, a mi modo de ver, era muy pequeño y me pareció muy oscuro. Y tú, abuela, ¿qué piensas?

— Bueno, como está en el cuarto piso del edificio, no será muy ruidoso. Por desgracia no hay ascensor, y no será fácil para mí subir tantas escaleras.

4 Complete the sentences with the correct verb.

1 está 2 Hay 3 está 4 es 5 Hay 6 Hay 7 es 8 hay 9 están 10 son

5 Answers will vary.

6 Answers will vary.

5.1 F ¿Cómo es tu casa? (pp86–87)

1 Match the Spanish and English words.

1 F 2 E 3 B 4 G 5 A 6 J 7 C 8 I 9 D 10 H

2 Escucha a estas personas hablando de donde viven y dando su opinión. Completa la tabla.

Nombre	¿En qué tipo de casa viven?	¿Dónde está?	¿Qué opinan?
Maite	una casa antigua	en la montaña	☹
Alonso	un chalet	en un pueblo (en Valencia)	☺
Emilia	una casa moderna	en la ciudad	😐
Mohamed	una granja	en el campo	☺
Susana	un piso	en la costa	☹

Transcript

1 Maite

Vivo en una casa antigua en la montaña. No me gusta nada porque no hay nada que hacer y queda muy lejos de la ciudad y de todas mis amigas.

2 Alonso

Vivo en un chalet en un pequeño pueblo de Valencia. Me gusta mucho la casa porque es muy grande y tengo mi propio dormitorio.

3 Emilia

Yo vivo en una casa moderna en la ciudad. La casa no está mal – es muy bonita – pero por desgracia el barrio es bastante ruidoso.

4 Mohamed

Vivo en una granja pequeña en el campo. Me encanta vivir allí porque me gusta trabajar con los animales.

5 Susana

Yo vivo en un piso en la costa. Odio vivir allí porque el piso es pequeño y no muy cómodo y tengo que compartir el dormitorio con mi hermana menor. Además, en verano el pueblo está lleno de turistas.

3 Lee este correo electrónico. Escribe **V** (Verdad), **F** (Falso) o **NM** (No Mencionado) para cada frase.

1 V 2 NM 3 V 4 F 5 V 6 NM 7 V 8 F 9 V 10 F

4 Translate the first paragraph of Paco's email into English.

I live with my family in a semi-detached house on the outskirts of the city of Málaga. I quite like my house but my younger brother doesn't like it at all because it's quite old and too small for us. It only has two bedrooms, so I have to share a bedroom with my brother.

5 Translate these sentences into Spanish.

1 Los libros están debajo de la mesa.
2 Vivo lejos del centro de la ciudad.
3 Mi casa está cerca de la costa.
4 Mi abuelo vive en el campo.
5 La casa de mi amigo está cerca del instituto.
6 Mis libros están en la estantería / los estantes.
7 Mi dormitorio está al lado del cuarto de baño.
8 La librería está debajo de la ventana.

6 Answers will vary.

7 Answers will vary.

5.2 Where I live

5.2 G ¿Qué se puede hacer donde vives? (pp88–89)

1 Match the shops in the *Tiendas* box to the things they sell in the *Productos* box.

1 I 2 C 3 L 4 H 5 B 6 E 7 M 8 K 9 D 10 G 11 F 12 J 13 A

2 Answers will vary.

3 What are each of these notices saying that you can or can't do?

1. You can't smoke anywhere in the building.
2. You can buy cakes for special occasions.
3. You can't walk on the lawn.
4. You can't eat or drink in the library.
5. You can change money at reception.
6. You can use the pool between 10.00am and 6.00pm.

4 Change the sentences in activity 3 to say 'I can/can't'.

1. No puedo fumar en ninguna parte del edificio.
2. Puedo comprar tartas para ocasiones especiales.
3. No puedo pisar el césped.
4. No puedo comer ni beber en las salas de la biblioteca.
5. Puedo cambiar dinero en la recepción.
6. Puedo usar la piscina entre las 10.00 y las 18.00 horas.

5 Listen to five people talking about places where they live and complete the grid.

		Place mentioned	Do they like it or not? (✓ / x)	Reason(s)
Ejemplo	Juan	Bowling alley	✓	He and his friends always have a good time. He almost always wins.
1	Carmen	Museum	x	Exhibitions are old and very boring.
2	Dolores	Playground	✓	Her children enjoy themselves and she can have a rest.
3	Ismael	Youth club	✓	He can meet his friends and listen to music.
4	Nerea	Bull ring	x	She thinks bullfights are cruel and a horrible spectacle.
5	Antonio	Theatre	✓	He wants to be an actor in the future and he spends most of his free time there.

Transcript

Ejemplo: Juan

En mi barrio hay mucho para los jóvenes, pero mi lugar favorito es la bolera. Me gusta porque voy allí cada sábado con mis amigos y siempre lo pasamos bien – y casi siempre gano yo la partida.

1 Carmen

En mi pueblo lo único que se puede hacer es ir al museo pero no me gusta nada porque las exposiciones son antiguas y muy aburridas.

2 Dolores

Puesto que tengo dos hijos pequeños, mi lugar favorito del pueblo es el parque infantil porque allí mis hijos se divierten y yo puedo descansar un poquito.

3 Ismael

El lugar de mi pueblo que me gusta más es el club de jóvenes ya que allí puedo encontrarme con mis amigos y oír música.

4 Nerea

El sitio de mi ciudad que me gusta menos es la plaza de toros ya que creo que las corridas son muy crueles. En mi opinión, es un espectáculo horrible.

5 Antonio

Dado que yo quiero ser actor en el futuro, el lugar que me gusta más de mi pueblo es el teatro. Paso la mayor parte de mi tiempo libre allí.

6 Translate these posts in a chat room about where people live into English.

I quite like my neighbourhood because there is a lot to do.

You can go to the sports centre, but I don't really like to go because I'm not very sporty.

I love going to the cinema because I am a fan of horror films.

7 Answers will vary.

5.2 F Mi ciudad (pp90–91)

1 Match the Spanish and the English words.

1 B 2 H 3 C 4 F 5 G 6 A 7 E 8 D

2 Lee esta información sobre Barcelona y contesta las preguntas en español.

1 visitar Barcelona / su ciudad y compartirla con otros
2 los romanos
3 Se hizo mucho más grande.
4 avenidas, plazas, teatros y fábricas
5 hoteles, restaurantes y cines (todos los servicios de una gran ciudad)
6 tiendas, grandes almacenes y centros comerciales
7 Hay museos, iglesias, la catedral, el ayuntamiento (el puerto).
8 colegios, hospitales, bibliotecas, oficinas de correos, polideportivos (todos los servicios de una gran ciudad)

3 Translate these sentences into Spanish.

1 Ésta es mi casa y aquélla es la de Antonio.
2 Aquel chico es mi hermano.
3 ¿Qué es eso?
4 Éste es mi bolígrafo y ése es el tuyo.
5 "Pedro vive en Madrid." — "Sí, eso ya lo sabía."

4 Listen to Nieves and her grandfather talking about the town where they live. When they mention the activities below, are they referring to something happening now, in the past or in the future? Write **N** (now), **P** (past) or **F** (future).

1 F 2 P 3 P 4 P 5 P 6 N 7 F 8 F

Transcript

— ¿Qué vas a hacer el sábado que viene, Nieves?

— Voy a salir con mis amigos. Normalmente vamos al cine o al polideportivo, pero el sábado que viene creo que iremos al club de jóvenes.

— ¡Ay! Cuando yo era joven, no había tantas posibilidades. Hace cincuenta años, lo único que podíamos hacer era ir de paseo por el campo, jugar en el bosque o nadar en el río.

— ¿Cómo era el pueblo entonces, abuelo?

— Pues, era mucho más sucio porque mucha gente trabajaba en fábricas que ya no existen. Lo bueno era que había más tiendas. Ahora todo el mundo hace la compra en los hipermercados de la ciudad. Me pregunto cómo será el pueblo en el futuro, ¿Cómo cambiará?

— Bueno, creo que será mucho más limpio porque todos tendremos coches eléctricos y no habrá ninguna tienda porque todo el mundo hará la compra en línea.

5 Answers will vary.

6 Answers will vary.

Grammar practice (pp92–93)

1 Complete the sentences with the correct form of the word in brackets.

1 unas 2 varias 3 muchos 4 algunas 5 unos 6 unas pocas 7 pocas 8 unas cuantas

2 Translate the expressions into Spanish.

1 algunos / unos cuadernos
2 unos / algunos vaqueros
3 varios animalitos / varios animales pequeños
4 unas / algunas zapatillas (de deporte)
5 muchas de mis cosas
6 muchos libros
7 unas / algunas camisetas
8 muchas cosas
9 un par de zapatos
10 una docena de huevos
11 unos seis euros
12 varias sillas

3 Complete the sentences with the correct part of *estar* in the present tense. Then translate them into English.

1 está 2 están 3 estoy 4 estamos 5 estás 6 está 7 Estáis 8 están

1 My father is in the lounge.
2 The bedrooms are on the first floor.
3 I am in school.
4 My brother and I are in the supermarket.
5 Lorena, where are you?
6 The butcher's is next to the grocery store.
7 Are you in the sports centre?
8 The department store is near the market.

4 Look at this plan of a Spanish flat and answer the questions.

1 el salón
2 el comedor

3 el dormitorio de los padres
4 el comedor
5 el dormitorio de los padres
6 la cocina
7 el dormitorio del hijo
8 el estudio
9 la cocina
10 el comedor

5 Translate these sentences into Spanish. Remember to use the verb *estar* when you are saying where something is.

1 Mi instituto está al final de la calle.
2 El cuarto de baño está enfrente de mi dormitorio.
3 La cocina está a la izquierda del comedor.
4 El salón está a la derecha de la(s) escalera(s).
5 El cuarto de baño está al final del pasillo.

6 Complete the sentences with the correct form of *ir* or *hacer* in the present or preterite tense.

1 vamos 2 fue 3 hizo 4 hace 5 vas 6 fueron
7 fuisteis 8 voy 9 hice 10 fueron

Unit 6: Social issues

6.1 Charity and voluntary work

6.1 G ¿Quieres ser voluntario/a? (pp96–97)

1 Match the Spanish and English phrases.

1 E 2 B 3 F 4 C 5 D 6 H 7 A 8 G

2 Read this information from the website of a Spanish charity. Match 1–6 with A–F below.

1 A 2 D 3 F 4 E 5 C 6 B

3 Translate this paragraph into English.

I'm thinking of working as a volunteer and on Saturday I want to take part in a football match to raise money for the charity "Doctors without frontiers" /"Médecins sans frontières". I hope to have a good time and I hope to score a goal!

4 Listen to four young people (1–4) talking about volunteering. Choose the most appropriate summary for each from the list below.

1 C 2 E 3 F 4 B

Transcript

1 Espero pasar el fin de semana como voluntaria en el grupo ecologista del instituto. Pensamos hacer trabajos de mantenimiento en el bosque y arreglar los jardines en la orilla del río.
2 Mis amigos y yo pensamos visitar hogares de personas mayores que viven solas para darles una rosa y un ratito de nuestro tiempo.
3 Una organización benéfica de mi barrio va a llevar a veinte niños necesitados a la playa para que puedan disfrutar de una jornada de juegos, mar y diversión, y yo quiero acompañarles.
4 El fin de semana que viene quiero participar en un concurso de natación para recaudar fondos para la residencia de ancianos donde vive mi abuela.

5 Answers will vary.

6 Answers will vary.

6.1 F Me gustaría ayudar (pp98–99)

1a Empareja los sinónimos.

1 G (a charity shop)
2 H (to be part of / to participate)
3 B (to feel sleepy / to be tired)
4 J (to be ill / to feel ill)
5 A (pretty / beautiful)
6 C (an old people's home)
7 E (surprise / amazement)
8 D (aim, objective)
9 I (to be unemployed)
10 F (I'd like)

1b Now say what all the words mean in English.

See activity 1a answers above.

2 Read this text from the website of El Arca, a charity which supports disadvantaged children in Latin America, and answer the questions below.

1 United States / 13 years
2 He wanted to meet Juan, the boy he has been sponsoring for 3 years.
3 He was amazed / because he had imagined that Nicolás would be older.

4 He learned what it was like to live in another country / that there are other languages (apart from Spanish) in the world.
5 He learned what it was like to live in a poor district in a big city / that Juan and his mother had to walk several kilometres to school every day.

3 Translate these sentences into Spanish.

1 Me gustaría ser voluntario/a.
2 Me gustaría ayudar.
3 Me gustaría trabajar en una residencia de ancianos.
4 Me gustaría preparar las comidas.
5 Me gustaría recaudar fondos para la residencia.

4 Answers will vary.

5 Escucha a Pilar hablando de su trabajo como voluntaria en una residencia de ancianos. Luego lee las frases y escribe **V** (Verdad), **F** (Falso) o **NM** (No Mencionado).

1 V 2 F 3 NM 4 V 5 V 6 F 7 V 8 F

Transcript

Todos los sábados trabajo como voluntaria en una residencia de ancianos cerca de mi casa. Aunque me gusta el trabajo, no es fácil y las horas de trabajo son muy largas.

Empiezo a las ocho y primero tengo que servir el desayuno a los residentes. Luego tengo que arreglar sus dormitorios y paso un rato charlando con ellos. Algunos me cuentan cosas muy interesantes pero otros no oyen bien y es un poco difícil conversar con ellos.

A las once y media ayudo a preparar la comida y después sirvo a los residentes en el comedor.

Por la tarde, si hace buen tiempo, acompaño a algunos de los residentes a los jardines de la residencia o jugamos a las cartas en el salón o leo un poco a los que no tienen muy buena vista.

A las cinco, ayudo a preparar la cena antes de volver a casa. Normalmente estoy bastante cansada pero me gusta el trabajo porque me parece que es un trabajo útil y muchos de los ancianos me agradecen lo que hago por ellos.

6 Answers will vary.

6.2 Healthy and unhealthy living

6.2 G ¿Comes bien? (pp100–101)

1 Match the pictures with the words below and say whether you think each item is healthy (*sano*) or unhealthy (*malsano*).

1 H (Es sana.) 2 B (Es malsana.) 3 A (Es sano.) 4 J (Son sanas.) 5 C (Es malsana.) 6 D (Son malsanos.) 7 F (Es sana.) 8 I (Son malsanas.) 9 E (Son sanas.) 10 G (Es malsano.)

2 Match each comment to the correct summary below.

1 C 2 G 3 D 4 H 5 E 6 B 7 F 8 A

3 Complete the sentences with a *tener* expressions from the Gramática box.

1 sed 2 sueño 3 frío 4 miedo 5 suerte 6 calor 7 hambre 8 razón

4 Answers will vary.

5 Listen to five people (1–5) talking about their diets and say whether they eat a healthy diet (**H**), an unhealthy diet (**U**) or a mixture of the two (**H+U**).

1 U 2 H+U 3 H+U 4 H 5 U

Transcript

1 Tengo que admitir que mi dieta es poco sana porque raramente como las cinco raciones diarias de fruta y verdura .
2 En general, tomo comida saludable pero después de un largo día de trabajo muchas veces compro comida rápida para cenar.
3 Trato de evitar la comida basura y la comida con mucha grasa. Sin embargo, cuando tengo sed, tomo demasiadas bebidas azucaradas.
4 Me gusta la dieta mediterránea, es decir poca carne, cereales, mucha fruta y verduras, y no tomo nunca bebidas alcohólicas.
5 El problema que tengo es que bebo demasiada cerveza y cuando estoy un poco borracho, como demasiado.

6 Answers will vary.

6.2 F ¿Llevas una vida sana? (pp102–103)

1 Traduce las palabras al inglés. Completa la tabla con las palabras.

Recetas para una vida sana	Recetas para una vida malsana
2 (eat well)	1 (go to bed late)
3 (sleep eight hours)	4 (take drugs)
6 (avoid stress)	5 (get drunk)
8 (take exercise)	7 (smoke)
9 (get up early)	11 (have sugary drinks)
10 (keep fit)	12 (eat a lot of junk food)

2 Lee lo que dicen estos adultos sobre su estilo de vida y di si llevan una vida sana o una vida malsana, o una mezcla de ambas.

1 Vida sana 2 Vida malsana 3 Vida sana y malsana 4 Vida malsana

3 Lee otra vez lo que dicen las personas de la actividad 2. Busca las siguientes expresiones en español.

1 Trato de evitar la comida basura.
2 (A mí) no me importa mucho mantenerme en forma.
3 Siempre tengo sueño.
4 Muchas veces tengo hambre y sed.
5 Tengo un trabajo muy estresante.
6 No duermo bien.
7 Muchas veces tengo dolor de cabeza.

4 Complete the sentences with a negative word. Then translate them into English.

1 nadie / "Have you seen Juan?" "No, I haven't seen anyone."
2 nunca / "When did you last go to the sports centre?" "I never go there."
3 nada / "Do you know what happened here?" "No, I don't know anything."
4 ni ... ni / "I'm a vegetarian. I don't eat either meat or fish."
5 tampoco / "I don't have any money." "Neither do I. / I don't either."
6 ningunos / "I don't have any coloured pencils. Can you lend me some?"

5 Answers will vary.

6 Listen to six people (1–6) talking about their problems. When did the problem occur? Answer **N** (Now), **P** (Past) or **F** (Future).

1 P 2 N 3 N 4 F 5 P 6 F

Transcript

1 Empecé a fumar a los catorce años y es la cosa más estúpida que he hecho en mi vida. Me costó mucho trabajo dejar el hábito.

2 Creo que no llevo una dieta muy sana. Por cierto, no tomo las cinco raciones debidas de fruta y verdura pero la verdad es que no me gusta mucho la fruta y las verduras. ¿Me puedes dar algún consejo de cómo mejorar la dieta?

3 Tengo un problema con el alcohol. Cuando salgo con mis amigos siempre termino emborrachándome y ahora ha llegado hasta el punto de que me afecta en el trabajo. No quiero dejar de salir con mis amigos pero reconozco que tengo que hacer algo.

4 Tendré unos exámenes muy importantes en verano y estoy preocupada porque estaré tan estresada que cuando lleguen no aprobaré nada. ¿Por favor, qué puedo hacer para evitar el estrés en los meses que vienen?

5 Quiero daros las gracias. Cuando llamé a este programa hace un par de años, tenía un problema muy grave con las drogas duras. Gracias a vuestros consejos, tuve una serie de visitas médicas en una clínica y me han ayudado a superar el problema.

6 Dentro de unas semanas voy a empezar un nuevo trabajo. He tenido mucha suerte de conseguir este trabajo porque es el trabajo de mis sueños. El problema es que tendré que trabajar muchas horas y me temo que no voy a tener ningún tiempo para hacer ejercicio físico. Soy una persona muy activa y esto me preocupa bastante.

7 Answers will vary.

Grammar practice (pp104–105)

1 Complete the sentences with the correct form of the verb in brackets.

1 viven 2 arreglamos 3 agradecen 4 repartís 5 aprendo 6 participa 7 visitas 8 protegemos 9 ayudas 10 espero

2 Decide which tense is used in each sentence. Write: **Pres** (Present), **Im Fut** (Immediate Future), **Fut** (Future), **Pret** (Preterite), **Imp** (Imperfect).

1 Imp 2 Fut 3 Pret 4 Im Fut 5 Pres 6 Pret 7 Fut 8 Imp 9 Im Fut 10 Pres

3 Answers will vary.

4 Answers will vary.

5 Match the sentence halves, then translate them into English.

1d 2a 3f 4e 5b 6c

1. To keep fit, you have to do a bit of exercise every day.
2. You must avoid fatty food if you want to lose weight.
3. To live a healthy life, it's necessary to avoid alcohol and tobacco.
4. If you drink alcohol, you have to do it in moderation.
5. If you smoke a lot, you must think of the damage you're doing to your health.
6. You must avoid stress if you want to live a healthy life.

6 Translate these sentences into Spanish.

1. Hay que comer cinco raciones de fruta y verdura cada día.
2. No debes fumar tanto.
3. Tengo que hacer más ejercicio físico.
4. Debemos comer menos comida basura.
5. Hay que evitar las bebidas azucaradas.

Test and revise: Units 5 and 6

Reading and listening

Foundation – Reading and listening (pp108–109)

1 Lee lo que dicen estos jóvenes sobre los lugares donde viven y escoge el resumen correcto. Hay dos resúmenes que no necesitarás.

José C, Marta H, Alejandro G, Dolores F, Elena B, Mohamed D

2 Read this passage about a charity scheme and answer the questions below in **English**.

1. They are collecting food for a food bank / to give to the needy.
2. members (of the club) / friends / (local) businesses
3. 150 needy families in the area
4. tinned food / packets of pasta / rice
5. frozen food / products
6. They are not able to keep / store them.

3 A friend has received this email from a Peruvian boy and asks you to translate it. Translate the email into **English**.

I live in a flat / in a very tall building / in the town centre. / It's quite small / and I have to share / a bedroom with my brother. / However, I like the room / because we've got a lot of posters / of our favourite footballers.

4 Listen to these young people (1–5) talking about what they do to keep healthy. What do they say is the most important thing to do? Choose from the following list:

1B 2C 3E 4F 5A

Transcript

1. Puede ser difícil si tienes amigos que fuman, pero para mí lo más importante es evitar el tabaco.
2. Yo siempre intento dormir ocho horas cada noche.
3. Creo que es muy importante mantenerme en forma. Paso por lo menos una hora cada día en el gimnasio o practicando deporte.
4. En mi opinión, si quieres tener buena salud hay que evitar las drogas.
5. Para mí, lo más importante es comer bien. Siempre intento tomar las cinco raciones diarias de fruta y verdura.

5 Escucha a estas personas (1–6) hablando de los pueblos donde viven. ¿Qué necesitan en sus pueblos? Escoge de esta lista:

1B 2C 3G 4A 5H 6E

Transcript

1. A mí me gusta la natación, pero tengo que ir hasta la ciudad para ir a nadar y son veinte minutos en tren.
2. En mi pueblo no hay ningún sitio para hacer la compra. Si me hace falta una botella de leche o un kilo de azúcar tengo que coger el autobús para ir al supermercado de la ciudad.
3. Donde vivo yo hay un supermercado, pero para divertirse hay que ir a la ciudad. Me gusta ver películas, pero en el pueblo no se puede.
4. Si quiero comprar gasolina para el coche tengo que recorrer diez kilómetros.
5. Por aquí el transporte público es un desastre. Si tienes que ir a otro pueblo y no tienes coche, hay que llamar por teléfono a un taxi. No hay más remedio.

6 En mi pueblo las comunicaciones en general son muy buenas. Sin embargo, si quieres viajar a algún sitio en avión hay que coger un tren primero y viajar a Madrid. Es un viaje bastante largo, pero es el lugar más cerca de aquí para coger un vuelo.

6 Escucha a este voluntario hablando de una excursión que hizo con unos jóvenes ciegos. Luego escoge las **cuatro** frases correctas.

Correct sentences: 1, 3, 6, 7

Transcript

Soy voluntario en una organización benéfica de Aragón que ayuda a los ciegos. En enero hicimos una actividad en la nieve con un grupo de jóvenes con problemas visuales. Primero dimos un paseo de dos horas por la nieve, pasando por campos y un bosque. Luego hicimos una comida al aire libre y por la tarde hubo juegos con la nieve: guerra de bolas de nieve, etcétera. Tanto los jóvenes como los voluntarios lo pasaron estupendamente y volvimos al centro a las cuatro y media cansados pero contentos.

Writing and translation

Foundation – Writing and translation (pp110–111)

1 Haces un intercambio con un(a) chico/a español(a). Sacas esta foto de su casa y la cuelgas en una red social. Escribe **cuatro** frases en **español** que describan la foto.

Suggested answers

La casa es muy bonita.

Tiene un cuarto de estar muy bonito.

Tiene un jardín precioso con muchos árboles.

La terraza es muy grande, con dos sofás.

2a Translate the sentences into **Spanish**.

1 Mi amigo español / amiga española vive en una granja en el campo.
2 Me gustaría ayudar en el banco de alimentos.
3 Este chico va a participar / tomar parte en el partido de fútbol para recaudar dinero.
4 Nunca fumo / No fumo nunca y no tomo ninguna bebida alcohólica.
5 Voy a menudo / mucho al polideportivo porque me gusta mantenerme en forma.

2b Translate the sentences into **Spanish**.

1 La carnicería está / se encuentra al lado de la zapatería.
2 Mi hermano va a trabajar como voluntario en una tienda con fines benéficos / tienda solidaria, sirviendo a los clientes.
3 No se puede / puedes fumar aquí.
4 Mi amiga fue al centro comercial pero no compró nada.
5 Es mejor comer fruta que pasteles.

3 Un(a) amigo/a argentino/a te ha preguntado sobre tu casa y el lugar donde vives. Escríbele describiendo tu casa y tu pueblo / ciudad. Escribe aproximadamente **40** palabras en **español**.

Suggested answer

Mi casa está en un pueblo cerca de Manchester. La casa es muy antigua pero bonita. En mi dormitorio escucho música y hago mis tareas. En el pueblo se puede ir al cine o jugar al fútbol en el parque.

4a Un(a) amigo/a español/a te ha preguntado si participas como voluntario/a en algún grupo. Escríbele hablando de tu experiencia como voluntario/a. Escribe aproximadamente **90** palabras en **español**.

Suggested answer

Los sábados trabajo como voluntario en una tienda solidaria que recauda dinero para proteger el medio ambiente. Me parece que es importante ayudar porque hay que proteger la naturaleza y salvar a animales en vías de extinción. Los sábados me levanto temprano porque tengo que estar en la tienda antes de las nueve, cuando se abre. Normalmente sirvo a los clientes y relleno los estantes pero el sábado pasado tuve que ayudar a ordenar la tienda y no me gustó. En el futuro voy a salir con el grupo al campo y trabajar con otros jóvenes limpiando el bosque.

4b Un(a) amigo/a español/a te pregunta si crees que llevas una vida sana. Escríbele un correo electrónico hablando de tu dieta y el ejercicio que haces. Escribe aproximadamente **90** palabras en **español**.

Suggested answer

Generalmente tomo cereales de desayuno y luego, a mediodía, tomo un bocadillo y una manzana. A las seis ceno carne o pescado. Por ejemplo, ayer tomé una chuleta de cerdo con patatas fritas y guisantes. Creo que tengo una dieta bastante sana porque normalmente tomo las cinco porciones de fruta y verdura cada día. No hago mucho ejercicio porque no me gustan los deportes pero los sábados voy a la piscina. Creo que es estúpido fumar porque daña los pulmones pero está bien beber con moderación. En el futuro voy a salir a correr porque necesito hacer más ejercicio físico.

Speaking

Foundation – Speaking (pp112–113)

1 Role play

Model script

Teacher: *Estás hablando con un amigo colombiano / una amiga colombiana. Yo soy tu amigo / tu amiga.*

¿En qué tipo de casa vives?

Student: Vivo en un chalet en las afueras de la ciudad.

Teacher: *¿Cómo es tu casa?*

Student: Es bastante grande y moderna y tiene un jardín bonito.

Teacher: *¿Qué hay en tu dormitorio?*

Student: Hay mi ordenador y la mesa donde trabajo.

Teacher: *¿Qué haces en tu dormitorio?*

Student: Hago los deberes y veo la tele.

Teacher: *Muy bien.*

Student: ¿Dónde te gustaría vivir?

Teacher: *Me gustaría vivir en Bogotá.*

2 Role play

Model script

Teacher: *Estás hablando con un amigo español / una amiga española. Yo soy tu amigo / tu amiga.*

¿Qué haces como voluntario/a?

Student: Trabajo como voluntario/a en una tienda con fines benéficos.

Teacher: *¿Qué actividades haces exactamente?*

Student: Lleno los estantes y sirvo a los clientes.

Teacher: *¿Qué actividad prefieres y por qué?*

Student: Prefiero servir a los clientes porque me gusta hablar con la gente.

Teacher: *¿Qué te gustaría hacer como voluntario/a en el futuro?*

Student: Me gustaría trabajar con jóvenes necesitados.

Teacher: *¡Estupendo!*

Student: ¿Qué haces tú para ayudar?

Teacher: *Trabajo en una tienda con fines benéficos.*

3 Photo card

Model script

Teacher: *¿Qué hay en la foto?*

Student: Se ve el centro de una ciudad española y mucha gente que va de compras o da un paseo.

Teacher: *¿Qué hay en el centro de tu pueblo o ciudad?*

Student: Hay varias tiendas, el ayuntamiento y la biblioteca.

Teacher: *¿A ti te gusta ir de tiendas?*

Student: No me gusta mucho. Me parece un poco aburrido y además no tengo mucho dinero. Pero a veces es necesario, claro.

Teacher: *Cuando fuiste de compras la última vez, ¿qué compraste?*

Student: Compré unos vaqueros azules y una camiseta blanca.

Teacher: *¿Dónde quieres vivir en el futuro?*

Student: Quiero vivir en un pueblo pequeño en el campo o quizás en la costa. No me gustan las ciudades grandes porque son demasiado ruidosas.

4 Photo card

Model script

Teacher: *¿Qué hay en la foto?*

Student: Hay dos personas en una calle haciendo ejercicio. Hay un hombre que va de paseo en bicicleta y una mujer que está corriendo.

Teacher: *¿Qué ejercicio físico haces tú?*

Student: Juego al fútbol cada domingo y voy a menudo a la piscina.

Teacher: *¿Qué otras cosas haces para llevar una vida sana?*

Student: No fumo nunca y intento comer las cinco raciones diarias de fruta y verdura.

Teacher: *¿Qué piensas hacer en el futuro para mantenerte en forma?*

Student: Me gustaría hacer alpinismo y también aprender a jugar al tenis.

Teacher: *¿Crees que es importante llevar una vida sana? ¿Por qué?*

Student: Sí, claro que es importante porque de otro modo puedes sufrir de muchas enfermedades en el futuro, por ejemplo problemas de corazón.

Unit 7: Global issues

7.1 Environment

7.1 G Reutilizar, reducir, reciclar (pp114–115)

1 Match the pictures to the phrases below.
1 G 2 D 3 I 4 B 5 F 6 C 7 H 8 E 9 A 10 J

2 Read these posts by young Spaniards saying what they do to help the environment. Then answer the questions below in English.

1 the environment
2 She turns off the taps. / She has a shower instead of a bath.
3 He puts a jumper on rather than putting the heating on. / He only puts the dishwasher on when it's full.
4 They don't do anything to help (the environment). / They throw rubbish on the floor instead of putting it in the wastepaper basket.
5 our bit to help
6 what you do to protect the environment

3 Read the posts in activity 2 again and find the Spanish for the following phrases.

1 Siempre cierro los grifos.
2 Me ducho en vez de bañarme.
3 Me pongo un jersey en vez de poner la calefacción.
4 Solo pongo el lavaplatos cuando está lleno.

4 What three things does this poster say you must not forget to do?
Reuse / Reduce / Recycle

5a Listen to five young people (1–5) talking about the environment and say what concerns them most. Use A *Reutilizar*, B *Reducir* or C *Reciclar*.
1 A 2 B 3 B 4 C 5 A

5b Listen again and say exactly what each person does to help.

1 Reuses plastic bags.
2 Puts on a jumper instead of turning up the heating.
3 Uses public transport instead of the car.
4 Separates the rubbish and puts it in the correct bin.
5 Uses rechargeable batteries.

Transcript

1 A mí me importa reutilizar las cosas. Guardo las bolsas de plástico del supermercado y las uso varias veces.
2 A mí me preocupa mucho el malgasto de los recursos del planeta. Intento reducir el uso de energía poniéndome un jersey en vez de poner más alta la calefacción.
3 Yo también intento conservar los recursos de la Tierra. Me fastidia mucho el malgasto de los combustibles fósiles y, cuando puedo, utilizo el transporte público en vez del coche, para reducir el uso de energía.
4 Lo que más me importa es el reciclaje de la basura. En casa siempre separo la basura y la pongo en el contenedor apropiado.
5 Lo que más me importa es reutilizar las cosas en vez de tirarlas. Siempre uso pilas recargables.

6 Answers will vary.

7 Answers will vary.

7.1 F Protegiendo el medio ambiente (pp116–117)

1 Descubre el intruso de cada lista.
1 basura no reciclable 2 ir en coche 3 ahorrar dinero 4 agradable 5 me encanta 6 el contenedor 7 aceptar

2 Lee este blog sobre el medio ambiente y escoge **un** título de la lista para cada párrafo.
1 D 2 B 3 A 4 F 5 H 6 E

3 Match the sentence halves.
1 B 2 C 3 E 4 F 5 A 6 D

4 Now translate the full sentences in activity 3 into English.

1 If you have a shower instead of a bath, you will save a lot of water.
2 If you always recycle paper and cardboard, in a year you will save one or more trees.
3 If you unplug the electrical equipment you are not using, you will save a lot of electricity.
4 If you always separate the rubbish, you will reduce the amount of rubbish you produce by many kilos.
5 If you go to school on foot or by bike, you will help to reduce air pollution.
6 If we learn to care for the environment, we will preserve the earth for future generations.

5 Listen to these young people talking about the environment and decide which of the statements A–H each one makes.

1 C 2 A 3 F 4 B 5 H 6 E

Transcript

1 Agustín

Si todos ayudamos a hacer algo, creo que podremos hacer mucho para salvar el medio ambiente. Yo reutilizo siempre las bolsas de plástico y compro pilas recargables.

2 Irene

Estoy de acuerdo. Tenemos que deshacer el daño que generaciones anteriores han hecho al medio ambiente.

3 José

Sí. A mí me parece que mucha gente mayor echa la culpa a la juventud pero es injusto decir que somos nosotros los que hemos provocado estos problemas medioambientales. De hecho, somos nosotros los que estamos intentando mejorar la situación.

4 Nerea

Yo no creo que los problemas ambientales sean tan grandes. Me parece innecesario tomar medidas urgentes.

5 Miguel

¡Qué va! Estás equivocada, Nerea. Si no hacemos nada, habrá un desastre ecológico increíble.

6 Alicia

Sí, tienes razón, Miguel. Ya hay muchas especies de plantas y animales que desaparecen cada año.

6 Answers will vary.

7 Answers will vary.

7.2 Poverty and homelessness

7.2 G Los necesitados (pp118–119)

1 Match the speech bubbles to the pictures below.

1 E 2 D 3 I 4 A 5 F 6 G 7 B 8 J 9 H 10 C

2 Complete the sentences with *algo, alguien, nada* or *nadie*.

1 algo 2 nada 3 Alguien 4 nadie 5 algo 6 alguien

3 Now translate the sentences in activity 2 into English.

1 I need something to eat.
2 I don't need anything, thanks.
3 Someone gave me these clothes for you.
4 I haven't seen anyone / anybody. (I've seen no one / nobody.)
5 I haven't any money. Can you give me something (anything)?
6 I need to talk to someone.

4 Read this extract from the Universal Declaration of Human Rights. Then read about the following people and match 1–12 to the correct section A, B, C, D or E.

1 B 2 D 3 A 4 B 5 C 6 A 7 F 8 E 9 F 10 C 11 D 12 E

5 Listen to these young people giving their opinions about the homeless. Write **P** if the opinion is positive, **N** if the opinion is negative and **P+N** if the opinion is positive and negative.

1 N 2 P 3 P+N 4 P

Transcript

— ¿Qué opinas de los "sin techo", José?

— Pues, yo creo que hay demasiados "sin techo" por las calles. ¿Por qué no buscan trabajo? Siempre se puede encontrar algo. Y si no pueden trabajar, siempre está el subsidio de desempleo. ¡Qué perezosos! ¿No crees, Luisa?

— ¡Qué va! José, ¿no te das cuenta de que muchos de los "sin techo" sufren enfermedades mentales y necesitan mucha ayuda? Para alguien en esta situación, la vida debe de ser muy difícil. ¿No crees que deberíamos hacer algo por ellos, Roberto?

— ¡Claro! Yo estoy de acuerdo contigo, Luisa, en que muchos tienen problemas muy graves y no es culpa suya que tengan que vivir en la calle. En cambio, están los drogadictos y creo que no deberíamos darles dinero. ¿Cuál es tu opinión, Rosario?

— Pues, yo estoy de acuerdo con Luisa. Estas personas no han tenido mucha suerte y lo han perdido todo. Les hace falta nuestra ayuda – y no siempre la reciben. ¡Qué pena! Siempre estoy dispuesta a hacer algo por alguien en esta situación.

6 Answer will vary.

7 Answer will vary.

7.2 F Los "sin techo" (pp120–121)

1 Busca el significado de las palabras en inglés (1–8) y luego emparéjalas con sus definiciones (A–H).

1 the homeless / E
2 the needy / G
3 a robber, thief / A
4 a hooligan / H
5 poverty / C
6 a rubbish dump, tip / F
7 an NGO (Non-governmental organisation / D
8 violent / B

2 Lee el texto escrito por un niño de la calle que vive en Lima, Perú y contesta las preguntas.

1 B 2 C 3 B 4 A 5 B 6 B

3 Translate these sentences into English.

1 These vulnerable children must be protected.
2 Clothes are needed to give to the children when it's cold at night.
3 One / You can also contribute food for them.
4 One / You can't smoke here.

4 Listen to five people saying what they do to help combat poverty and homelessness. For each one, choose the correct summary from the list.

1 C 2 A 3 D 4 E 5 B

Transcript

1 Julia

Siempre que puedo, doy dinero a una organización no gubernamental que ayuda a los necesitados de países del Tercer Mundo.

2 Alonso

Yo formo parte de un grupo de jóvenes y cada sábado por la noche vamos al centro de la ciudad y damos sopa y otra comida caliente a los "sin techo".

3 Rosa

A mí me gustaría mucho ayudar a los necesitados, pero la verdad es que no tengo ni el tiempo ni el dinero.

4 Miguel

Durante las vacaciones trabajo como voluntario para una organización que recoge ropa y zapatos para mandar a los necesitados de países del Tercer Mundo.

5 Inma

Los "sin techo" han elegido vivir en la calle. Es su decisión y no veo la necesidad de ayudarles.

5 Answer will vary.

6 Answer will vary.

Grammar practice (pp122–123)

1 Complete the sentences with *mucho, un poco* or *poco* to indicate whether you are very (++), a little (+) or not very (–) concerned about the issue.

1 Me preocupa **mucho** la contaminación del aire.
2 Me interesa **poco** reciclar el papel y el cartón.
3 Me fastidia **un poco** el ruido del tráfico.
4 Me importa **poco** utilizar bombillas de bajo consumo.
5 Me importa **mucho** reutilizar cosas.
6 Me fastidia **un poco** la gente que no usa pilas recargables.

2 Translate the sentences into English.

1 Since it rains so much here, I'm not very worried about saving water.
2 What annoys me most are the people who never use public transport.
3 What matters least to me is having a shower instead of a bath.
4 What annoys / irritates me most is having to separate the rubbish.
5 What worries me most is the use of chemicals.

3 Copy the sentences and underline the verbs in the pluperfect tense. Then translate them into English.

1 habían instalado 2 había hecho 3 habían hecho 4 había salido 5 había visto

1 My uncle and aunt had installed solar panels several years ago.
2 María had done several jobs before deciding that she wanted to be an engineer.
3 The pupils had never done so much to protect the environment.
4 When his friends arrived, Paco had already gone out to catch the bus.
5 When she went to the city, Susana had never seen so much rubbish on the streets.

4 Complete the text with the correct form of the verbs in brackets.

Alejandro **es** bajo y muy delgado. **Tiene** 24 años y **es** uno de los "sin techo". No **tiene** ningún sitio donde vivir y normalmente su hogar **es** un espacio debajo de un puente de tren. Por lo menos allí **tiene** un poco de protección cuando **hace** mal tiempo. Cuando no **está** allí, debajo del puente, **está** en la esquina de una calle del centro. **Tiene** que estar allí todo el día, pidiendo dinero a la gente. No **hace** nada más. Así **tiene** suficiente dinero para comprar un poco de comida, pero generalmente su cena **es** un poco de pan y una tableta de chocolate. Esto no **es** vida.

5 Make the sentences negative.

1 **No** es español.
2 **Nunca** hace los deberes. / **No** hace **nunca** los deberes.
3 Pablo **no** conoce a **nadie**.
4 Mi hermana **no** quiere hablar con **nadie**.
5 **No** voy a decirte **nada.**
6 **Nunca** me pide dinero.
7 La ciudad **no** es **ni** antigua **ni** pintoresca.
8 **Nunca** hago **nada** los domingos.
9 **Nunca** había pasado las vacaciones allí. / **No** había pasado **nunca** las vacaciones allí.
10 Los niños de la calle **no** tienen un lugar donde vivir.

6 Translate the sentences into Spanish.

1 No trabaja mucho.
2 En efecto / De hecho / En realidad, no hace nada.
3 Nunca ha hablado con nadie. / No ha hablado nunca con nadie.
4 No he ido nunca a Madrid. / Nunca he ido a Madrid.
5 Los necesitados nunca tienen nada. / Los necesitados no tienen nunca nada.

Unit 8: Travel and tourism

8.1 Holidays and travel

8.1 G ¡Me voy de vacaciones! (pp126–127)

1 Match statements 1–9 to pictures A–I.

1 E 2 G 3 B 4 H 5 A 6 I 7 F 8 C 9 D

2a Read these posts on the website of a Spanish train company. Match the comments with sentences 1–7 below.

1 Eneko 2 Dana 3 Juan 4 Alonso 5 Enrique 6 Maite 7 Pilar

2b Read the comments again and say whether their opinions are positive (**P**), negative (**N**) or positive and negative (**P+N**).

1 P 2 P+N 3 P 4 P 5 P+N 6 N 7 N

3a Complete the text with the correct weather expressions.

1 hace buen tiempo 2 hace sol 3 hace calor 4 llueve 5 hay tormentas 6 nieva 7 hace frío

3b Now translate the text into English.

Normally in the south of Spain, the weather is good; especially in summer, it's sunny and of course it's very hot. It doesn't rain a lot but from time to time it's stormy / there are thunderstorms. However, in winter it sometimes snows, especially in the mountains and then it's cold, of course.

4 Listen to five people talking about where they go on holiday. Complete the grid.

Name	Where they go	Who they go with	How they get there	What the weather's like
Santi	South of Spain	Family	High speed train	Very hot – stormy at times
Juana	South America	Parents	Plane	Good weather, windy at times
Nico	NW Spain	Brother	Bike	Cooler
Rosa	Scotland	Aunt	Car/boat	Rain or fog
Jaime	Coast	Parents & younger brother	Coach	Clear, sunny

Transcript

1 Santi

Normalmente voy de vacaciones al sur de España con mi familia. Vamos en agosto. Puesto que es un viaje largo, vamos en tren, en el AVE. Casi siempre hace mucho calor pero a veces hay tormentas.

2 Juana

Yo voy de vacaciones a Sudamérica. Voy con mis padres y vamos a visitar a unos primos de mi madre. Vamos en invierno porque, claro, allí es verano. Evidentemente vamos en avión porque es un viaje muy largo. Generalmente hace buen tiempo pero a veces hace mucho viento.

3 Nico

Siempre voy al noroeste de España con mi hermano. Vamos en bici y por eso vamos en primavera cuando hace más fresco.

4 Rosa

Normalmente voy de vacaciones con mi tía. Tiene coche, así que viajamos en coche y en barco. Vamos en otoño y siempre vamos a Escocia porque su madre es escocesa. El problema es que en Escocia llueve mucho o hay niebla.

5 Jaime

Siempre voy de vacaciones con mis padres y mi hermano pequeño. Les gusta la playa así que siempre vamos a la costa. Viajamos en autocar porque sale más barato. Vamos en verano durante las vacaciones escolares y en esas fechas normalmente está despejado y hace sol.

5 Answer will vary.

6 Answer will vary.

8.1 F ¿Dónde te alojas? (pp128–129)

1 Completa la tabla con las palabras de la lista. Luego traduce las palabras al inglés.

Tipos de alojamiento...	Instalaciones de un hotel...	Cosas que necesitas cuando vas de camping...
un albergue juvenil (*youth hostel*)	una cama de matrimonio (*double bed*)	un abrelatas (*tin opener*)
un camping (*camp site*)	un comedor (*dining room*)	un bañador (*swimming costume*)
un chalet (*chalet*)	un cuarto de baño (*bathroom*)	papel higiénico (*toilet paper*)
un hotel de cuatro estrellas (*4-star hotel*)	una habitación individual (*single room*)	un saco de dormir (*sleeping bag*)
un parador (*state-owned hotel, in an historic building*)	una piscina (*swimming pool*)	una tienda de campaña (*a tent*)
una pensión (*B & B*)	la recepción (*reception*)	
un piso de alquiler (*rented flat*)	un restaurante (*restaurant*)	

2 Read the email and answer the questions below in English.

1 The car broke down.
2 The hotel had lost the reservations.
3 because they still had rooms free
4 very good – a 4-star hotel with modern facilities
5 It was a single room and quite small but it had a pretty balcony and the bathroom was very clean.
6 swimming in the pool
7 The rain came in her tent and her sleeping bag got wet.
8 The morning after the storm before breakfast, when they had packed their cases.

3 Translate these sentences into Spanish.

1 Después de llegar al albergue juvenil, fuimos a la recepción.
2 Al entrar en la habitación, vimos que el suelo estaba sucio.
3 Antes de comer voy a nadar / bañarme.
4 Después de llegar a la playa fui de paseo / di un paseo / di una vuelta.

4 Escucha a ocho personas (1–8) hablando. ¿Dónde están?

1 C 2 G 3 A 4 H 5 E 6 B 7 F 8 D

Transcript

1 Así que son dos camas para tres noches. Estáis en la habitación número dos. Ya tenéis sacos de dormir, ¿no?

2 Un billete de ida para Madrid, por favor. ¿Qué andén es?

3 ¿Dos habitaciones dobles a nombre de González? Sí, ya tenemos las reservas. Son las habitaciones 202 y 204 en el segundo piso. Aquí tienen las llaves, señores. El ascensor está a la derecha. El desayuno se sirve entre las siete y media y las diez.

4 Necesito ver su pasaporte y la tarjeta de embarque, señora. El vuelo sale de la puerta número 6.

5 Voy al vestuario a ponerme el bañador. ¿Dónde he puesto la toalla?

6 Somos cuatro personas y tenemos una caravana y dos tiendas pequeñas. ¿Dónde están las duchas y los servicios?

7 Llene el tanque con gasolina sin plomo. Gracias.

8 ¿Tiene algún folleto sobre los monumentos de la ciudad? También quisiera comprar una guía de la región.

5 Answer will vary.

6 Answer will vary.

8.2 Regions of Spain

8.2 G ¿En qué región vives? (pp130–131)

1 Look at the map of Spain and complete the sentences with the correct compass point.

1 norte 2 noreste 3 sudoeste 4 sur 5 este
6 noroeste 7 oeste 8 sudeste 9 centro

2 Answer will vary.

3a Read and listen to these people talking about their regions. Then match them to the correct picture.

1 D 2 A 3 C 4 B 5 E

3b Listen again and say if their opinion is positive (**P**), negative (**N**) or both (**P+N**).

1 P+N 2 P 3 P+N 4 P 5 N

Transcript

1 Maite

Soy del sur del país, de Andalucía. Nací en un pequeño pueblo antiguo de la sierra. Es muy bonito y tiene unas vistas fabulosas pero no hay mucho que hacer. La vida en el pueblo es demasiado tranquila para mí.

2 Enrique

Yo soy del País Vasco, de un pequeño pueblo de pescadores en la costa norte. Hay quién diría que es un lugar bastante aburrido, pero para mí es ideal. Me gusta ir de paseo por el campo e ir a pescar al mar o al río.

3 Lola

Vivo en Madrid, en el centro del país. Es una ciudad muy moderna y tiene de todo, comercios, cultura, deporte. Por otro lado a veces es un poco ruidosa – a veces preferiría vivir en un lugar un poco más tranquilo.

4 Elena

Nací en Zaragoza, una ciudad bastante grande de Aragón. Es una ciudad que lo tiene todo: es un sitio histórico y cultural pero también hay barrios modernos, hay muchas diversiones pero también tiene lugares tranquilos.

5 Mohamed

Soy de una ciudad industrial de Cataluña, cerca de Barcelona. No me gusta nada vivir allí. Es un lugar asqueroso: no hay nada más que fábricas, hay mucha contaminación atmosférica y ahora también hay mucho desempleo.

4 Translate the passage into Spanish.

Soy de Yorkshire. Nací en un pueblo muy pequeño, bastante cerca de la costa, pero ahora vivo en York. Es una ciudad muy antigua y me gusta mucho vivir allí porque hay tanto que hacer. ¿De dónde eres tú?

5 Answer will vary.

6 Answer will vary.

8.2 F Un folleto turístico (pp132–133)

1a Lee los extractos de un folleto turístico sobre las regiones de España y busca las siguientes expresiones en español.

1 está situada en el sur de España
2 turistas extranjeros
3 playas doradas
4 en el corazón de la península
5 con temperaturas muy frías
6 comida tradicional
7 la comunidad más pequeña de España
8 una gran variedad de flora y fauna
9 la región es conocida principalmente por sus vinos
10 una cocina variada

1b Contesta a las preguntas con el nombre de una de las tres regiones.

1 La Rioja 2 Andalucía 3 Andalucía 4 Andalucía
5 La Rioja 6 La Rioja 7 Castilla–La Mancha
8 La Rioja 9 Andalucía 10 Castilla–La Mancha
11 Castilla–La Mancha 12 Andalucía
13 La Rioja 14 Castilla–La Mancha

2 Translate the sentences into Spanish.

1 La ciudad de Madrid está situada en el centro de España.
2 Las casas están pintadas de blanco.
3 La oficina de turismo está abierta durante el verano pero está cerrada en invierno.
4 La región está cruzada por varios ríos.

3 Escucha a estos jóvenes hablando de las regiones donde viven. Escribe **R** si la región es principalmente rural, **H** si la región es principalmente de interés histórico, **I** si la región es principalmente industrial y **T** si la región es principalmente turística.

1 T 2 R 3 H 4 I 5 R

Transcript

1 Paula

Mi región es muy bonita. Hay muchas montañas, bosques y playas doradas pero casi no se nota el paisaje porque sobre todo en el verano todo está lleno de turistas. En realidad es eso lo que caracterizala región: coches extranjeros, autocares, tiendas de recuerdos, miles de sombrillas en las playas…

2 Santiago

La región donde vivo yo es preciosa. Hay montes y valles, hay campos con cultivos, ovejas o vacas. Hay pequeños pueblos pintorescos y granjas aisladas. Todo es muy verde. Y lo mejor de todo es que aquí no vienen muchos turistas.

3 Guadalupe

Vivo en una región del interior del país. Como está bastante aislada hay pocos turistas, pero no saben lo que se pierden porque hay muchos pueblos antiguos que son muy pintorescos y tantos recuerdos del pasado – castillos, iglesias, monasterios.

4 Felipe

Algunas zonas de mi región son muy bonitas: hay montes, bosques, ríos y algunas playas preciosas, pero lo que predomina es la industria – hay fábricas, minas y refinerías – y, claro, todo esto produce mucha contaminación.

5 Lucía

Aunque hay algunas ciudades bastante industriales, la mayor parte de mi región son campos y bosques con pequeños pueblos aquí y allá con sus iglesias – un paisaje en general muy tranquilo y rural. No, no es una región turística en absoluto.

4 Answer will vary.

5 Answer will vary.

Grammar practice (pp134–135)

1 Do each of the sentences refer to what the weather is like now (**N**) or in the past (**P**)?

1 N It's very good weather today.
2 P In March it was cold and it rained a lot.
3 P In April it was foggy all the time.
4 N Today it's clear and very sunny.
5 P When we left it was very cold and it was snowing a bit.
6 N This morning it's cool and very foggy.
7 N Round here it almost always snows in February and in March it rains a lot.
8 P Last week there were showers / it was showery every day.

2 Which of the expressions in the *Gramática* box would you use in these situations?

1 ¡Que aproveche!
2 ¡Que duermas bien!
3 ¡Que te mejores pronto!
4 ¡Que tengas buen viaje!
5 ¡Que tengas mucha suerte!
6 ¡Que lo pases bien!

3 Look at the map and match the questions and answers below.

1 B 2 D 3 A 4 C 5 F 6 E

4 Translate the sentences into Spanish.

1 "¿Tienes mi bolígrafo / mi boli?" "No, está allá."
2 "¿La estación está por aquí?" "No, baja esta calle, está más allá."
3 "He buscado mi libro por todas partes." "Aquí está."
4 "Vivo en Alicante." "¿Hay aeropuerto allí?"

5 Answer will vary.

Test and revise: Units 7 and 8

Reading and listening

Foundation – Reading and listening (pp138–139)

1 Read these rules about saving energy and match them to the English translations. You will not need to use **two** of the English sentences.

1 J 2 A 3 I 4 G 5 D 6 H 7 B 8 E

2 Read this email from a Spanish boy in which he talks about his holidays and answer the questions below.

1 F 2 P 3 U 4 F 5 P 6 F 7 P 8 U 9 F 10 P

3 Lee esta página de inicio de la web de turismo en Asturias.¿Qué página de la web (A–H) recomendarías a las siguientes personas? Hay **dos** letras que no usarás.

1 H 2 D 3 B 4 G 5 F 6 A

4 Translate the following passage into **English.**

Instead of going on holiday last year, I worked as a volunteer in an organisation which helps needy children / children in need. One day we went on a trip to the coast / seaside. After spending a couple of hours on the beach we went to an amusement park / a funfair.

5 A charity worker is asking young people in a poor district of Mexico City what they are in need of. Listen to their answers and write down in **English** what each of them says they need.

1 food 2 clean / fresh water 3 somewhere to live 4 work / a job 5 (a pair of) shoes 6 money 7 clothes 8 friends

Transcript

1 Siempre tengo hambre. Lo que yo necesito es comida. A veces no como en todo el día.

2 Aquí en el barrio el agua está muy contaminada. Necesitamos agua fresca.

3 Soy uno de los "sin techo". Duermo en la calle o debajo de un puente. Me hace falta un lugar donde vivir.

4 Si pudiera encontrar trabajo, todos mis problemas desaparecerían. Necesito un empleo.

5 Solo tengo un par de botas y están rotas. Me hace falta un par de zapatos.

6 No tengo ni un céntimo. No puedo comprar comida, no puedo comprar nada. Necesito dinero.

7 Tengo la camisa rota, los vaqueros están sucios. Necesito ropa.

8 No tengo nadie con quien hablar. Me siento completamente sola. Me hacen falta amigos.

6 Escucha a estos jóvenes y escribe lo que va a hacer cada uno para proteger el medio ambiente. Escribe tus respuestas en **español**.

1 separar la basura 2 ahorrar agua 3 ir (al instituto) a pie 4 reciclar papel 5 usar pilas recargables 6 ahorrar energía 7 reciclar vidrio 8 reciclar latas

Transcript

— Creo que es muy importante ayudar a proteger el medioambiente y de ahora en adelante voy a separa la basura.

— Hay muchas cosas que se puede hacer para proteger el medioambiente, pero yo creo que en el mundo de hoy lo más importante es ahorrar agua.

— Pues todos tenemos que poner nuestro granito de arena y yo, en vez de coger el autobús, voy a ir al instituto a pie.

— Es muy importante hacer todo lo que podamos. Para mí lo más importante es reciclar el papel.

— Una cosa muy sencilla que se puede hacer es usar pilas recargables, y en el futuro lo voy a hacer.

— Gastamos mucha electricidad cuando dejamos encendidas las luces o la televisión, asi que yo voy a intentar ahorrar energía.

— Yo creo que en casa podríamos reciclar mucho más así que voy a empezar a reciclar el vidrio.

— Yo también creo que el reciclaje es muy importante y de ahora en adelante voy a reciclar las latas.

Writing and translation

Foundation – Writing and translation (pp140–141)

1 Estás trabajando con un grupo ecologista en un parque de tu pueblo. Mandas esta foto a un(a) amigo/a español/a. Escribe **cuatro** frases en **español** que describan la foto.

Suggested answers

En la foto hay muchos voluntarios.

Están recogiendo basura.

Son miembros de un grupo ecologista.

Todos llevan camisetas verdes.

2 Translate the sentences into **Spanish**.

1 Fui a Valencia el año pasado.
2 Hace mucho calor en Murcia en verano.
3 El parque de atracciones está cerrado en invierno.
4 Si tenemos cuidado, podemos ahorrar mucha más energía.
5 Me fastidia / Me irrita la gente (Me fastidian / Me irritan las personas) que no quiere(n) ayudar.

3 Translate the sentences into **Spanish**.

1 Almería está situada / se encuentra en el sudeste del país.
2 Creo que necesitamos / se necesita reciclar más.
3 Antes de salir, busqué mi pasaporte.
4 Me preocupa la situación de los "sin techo".
5 Alguien me dijo que hay vuelos baratos a las Islas Canarias.

4 Un(a) amigo/a colombiano/a te ha preguntado sobre la pobreza en el Reino Unido. Escríbele explicando la situación en tu pueblo / ciudad. Escribe aproximadamente **40** palabras en **español**.

Suggested answer

Hay mucha gente pobre en mi barrio. Creo que hay que ayudar a los "sin techo" porque no tienen nada. Yo trabajo como voluntaria en un banco de alimentos. Hay que construir más centros para ayudar a los "sin techo".

5a Un(a) amigo/a español(a) te ha preguntado sobre lo que haces durante las vacaciones. Escríbele contestando sus preguntas. Escribe aproximadamente **90** palabras en **español**.

Suggested answer

Normalmente, vamos de vacaciones a casa de mis tíos en Escocia. Siempre lo paso bien porque me llevo bien con mis primos y pasamos todo el tiempo jugando al fútbol. Sin embargo, el problema es que llueve demasiado.

Por eso, el año pasado decidimos viajar a Mallorca. Nos alojamos en un hotel cerca de la playa y todos los días nadamos en el mar. Aparte del buen tiempo, lo que me gustó más era el ambiente del pueblo, porque siempre estaba muy animado por la noche.

El verano que viene, pensamos volver a Mallorca puesto que nos gustó tanto.

5b Un(a) amigo/a español/a te ha preguntado lo que sabes de las distintas regiones de España. Escríbele un correo electrónico dando tu respuesta. Escribe aproximadamente **90** palabras en **español**.

Suggested answer

He pasado algún tiempo en Cataluña. Me encanta la región porque hay de todo — playas, montañas, mucha historia, mucha diversión y ciudades grandes como Barcelona. Hace dos años fui a Barcelona con mis padres. Visitamos la Sagrada Familia y me pareció un edificio increíble aunque por desgracia, no lo han terminado todavía. Los catalanes son todos muy amables y nos ayudaron cuando tuvimos problemas.

En el futuro, me gustaría visitar Andalucía, porque como está en el sur del país, hace mucho calor allí. Además, quiero visitar Granada y Córdoba porque me entusiasma la arquitectura árabe.

Speaking

Foundation – Speaking (pp142–143)

1 Role play

Model script

Teacher: *Estás hablando con un(a) amigo/a español(a). Yo soy tu amigo/a*

Qué dos cosas haces para reciclar?

Student: Reciclo el papel y el vidrio.

Teacher: *¿Qué haces para reducir el malgasto de recursos?*

Student: Para ahorrar energía me pongo un jersey en vez de poner la calefacción.

Teacher: *¿Qué haces para reutilizar cosas?*

Student: Reutilizo las bolsas de plástico.

Teacher: *En el futuro, ¿qué otras cosas harás para proteger el medioambiente?*

Student: En el futuro, voy a ducharme en vez de bañarme, para ahorrar agua.

Teacher: *Buena idea.*

Student: ¿Crees que es importante salvar el planeta?

Teacher: *Claro que sí.*

2 Role play

Model script

Teacher: *Estás hablando con un(a) recepcionista en un hotel. Yo soy el /la recepcionista.*

¿En qué puedo ayudarle?

Student: ¿Tiene usted habitaciones libres?

Teacher: *Sí, señor / señorita. ¿Qué tipo de habitación quiere y para cuántas noches?*

Student: Quiero una habitación individual con baño para tres noches.

Teacher: *Y, el día de salida ¿a qué hora va usted a salir?*

Student: Voy a salir a las diez y media.

Teacher: *¿Cuál es su nacionalidad?*

Student: Soy británico.

Teacher: *Muy bien. Necesito su pasaporte, por favor.*

Student: ¿A qué hora se sirve el desayuno?

Teacher: *El desayuno se sirve desde las siete y media hasta las diez, señor / señorita.*

3 Photo card

Model script

Teacher: *¿Qué hay en la foto?*

Student: Hay un hombre y una mujer sentados en la playa, relajándose. Hace muy buen tiempo y la playa es muy bonita. La mujer lleva un sombrero y tiene una bolsa azul.

Teacher: *¿A ti te gusta relajarte durante las vacaciones? ¿Por qué (no)?*

Student: No, no me gusta relajarme durante las vacaciones, porque me parece aburrido. Prefiero jugar al fútbol.

Teacher: *¿Qué otras actividades haces cuando estás de vacaciones?*

Student: Me gusta nadar en el mar o en la piscina y me gusta ir de compras.

Teacher: *¿Prefieres las vacaciones en la costa o en el campo? ¿Por qué?*

Student: Prefiero las vacaciones en la costa porque hay más que hacer. Se puede nadar en el mar y jugar en la playa.

Teacher: *¿Qué planes tienes para las vacaciones en el futuro?*

Student: Este verano voy a ir a Tenerife con mi familia y en el futuro también me gustaría hacer camping con mis amigos.

4 Photo card

Model script

Teacher: *¿Qué hay en la foto?*

Student: Se ve a una niña pequeña que parece muy pobre en una casa muy sucia y oscura. La niña lleva una falda blanca y una camiseta verde.

Teacher: *¿Qué crees que le hace falta a esta niña?*

Student: Le hacen falta zapatos y también creo que le hacen falta amigos porque está muy triste.

Teacher: *¿Crees que deberíamos ayudar a niños como ella? ¿Por qué?*

Student: Sí, creo que es importante ayudarles porque les hacen falta muchas cosas: ropa, comida, trabajo.

Teacher: *¿Qué podríamos hacer para ayudar a estos niños?*

Student: Podríamos contribuir con una organización benéfica.

Teacher: *¿Qué haces tú para ayudar a los necesitados?*

Student: Ayudo como voluntario en una tienda con fines benéficos.

Theme 3: Current and future study and employment

Dictionary skills

Expressions are different! (p145)

1 Use a dictionary to help you write these expression in Spanish.

1 tener ganas de hacer algo
2 dejar a alguien hacer algo
3 enfadarse
4 equivocarse
5 divertirse
6 tener hambre

2 Complete the Spanish sentences. Use a dictionary and your answers to activity 1 for help.

1 dejan
2 Se equivoca
3 Se enfada
4 nos divertimos
5 tengo hambre

Unit 9: My studies

9.1 School and subjects

9.1 G El instituto y las asignaturas (pp146–147)

1 Read sentences 1–5. Match each with one of the pictures below.

1 E 2 C 3 J 4 D 5 A

2 These students are selecting options and have to choose between two subjects. What subject does each choose and what reason do they give?

1 English – more useful
2 IT – more practical
3 geography – more interesting
4 PE – more fun
5 food technology – easier
6 maths – more important

3 Complete the sentences.

1 más divertida que 2 más difícil que 3 más útiles que 4 más fácil que 5 la asignatura más interesante 6 la asignatura más importante 7 la asignatura más fácil 8 la asignatura más práctica

4 Listen to five students (1–5) talking about the subjects that they are going to drop. Match each with a picture from page 146.

1 B 2 G 3 H 4 I 5 F

Transcript

1 Voy a dejar las ciencias. Las odio.
2 No voy a continuar con la historia. Es aburrida.
3 Las matemáticas no son para mí. Son muy difíciles.
4 No me interesa mucho la informática. Voy a dejarla.
5 Dejaré la religión. Hay otras asignaturas más importantes.

5 Answers will vary.

6 Answers will vary.

9.1 F ¿Cómo ser un buen estudiante? (pp148–149)

1 Read the article. Match each tip to the correct summary (A–H). There are two you will not use.

1 D 2 H 3 C 4 G 5 E 6 B

2 Listen to the eight instructions being given by a teacher and match them to the correct option below.

1 B 2 H 3 A 4 F 5 G 6 E 7 C 8 D

Transcript

1 Muy bien; ahora abrid los libros para empezar la clase.
2 No escribáis nada hasta el final.
3 Para este ejercicio, habla con tu compañero.
4 María, no mires por la ventana, por favor.

5 Chicos, no hagáis los deberes durante la clase.
6 Carlos, no abras la ventana – hace frío.
7 Mirad el vocabulario en los cuadernos.
8 Ricardo – no hables durante la prueba.

3 Empareja las dos partes de las frases.
1 D 2 E 3 A 4 B 5 C

4 Complete the sentences with the correct positive command.
1 pregunta 2 aprended 3 habla 4 Mirad 5 Trabajad

5 Complete the sentences with the correct negative command.
1 hables 2 escribáis 3 mires 4 hagáis 5 interrumpas

6 Answers will vary.

7 Translate this text into Spanish. Use activity 1 to help you.
Asiste a las lecciones y participa en las discusiones. Usa los libros en la Biblioteca y completa tu tarea. No dejes tu tarea hasta el último minuto. Cuando tengas exámenes, repasae en un lugar tranquilo.

Unit 10: Life at school and college

10.1 Life at school and college

10.1 G Un día en el instituto (pp150–151)

1 Your exchange partner, Lucas, is writing a blog while he is visiting your school. Read what he has written so far. What did he do in P.E. today?
Played football

2 Complete this timetable in English to show how Lucas spent the day.

8.30	Registration/form period
8.50	Geography
9.50	Maths
10.50	Break
11.10	Biology
12.10	Chemistry
1.10	Lunch / dinner hour
2.00	PE
3.00	Classes end / end of day

3 Read the blog again and answer the questions in Spanish.
1 ir al baño, comer fruta o un bocadillo, salir al aire libre
2 demasiado corto
3 (se pueden) tocar en un grupo, jugar a juegos de mesa, ver películas o actuar en una obra de teatro
4 jugar al fútbol
5 su equipo ha ganado

4 Listen to five statements about a Spanish school. Match each to a place and description below.

1	área: C	opinión: J
2	área: A	opinión: G
3	área: E	opinión: H
4	área: B	opinión: F
5	área: D	opinión: I

Transcript

1 Aquí hay muchos pósters en las paredes con poemas y fotos de escritores famosos. En los estantes hay novelas y obras de teatro. Este aula está un poco aislada así que no hay mucho ruido.

2 En esta clase estudiamos cómo funcionan los ordenadores, como puedes ver por todos los teclados y los ratones. Tiene los últimos modelos porque acaban de comprar muchos equipos nuevos.

3 Cuando entras aquí tienes que ponerte ropa de protección porque hay líquidos y sustancias peligrosos. Aquí hacemos experimentos con productos químicos. Las instalaciones para ciencias son un poco viejas.

4 Aquí es donde hacemos ejercicio y jugamos al fútbol. Si llueve, vamos al gimnasio pero es mejor estar al aire libre. Como ves, es mucho más grande que en otros institutos.

5 Esta clase está decorada con fotos de sitios famosos de Gran Bretaña. Hay diccionarios en todas las mesas y trabajos de estudiantes escritos en inglés en las paredes. Por todas partes hay rojo, azul y blanco – es muy atractivo.

5 Complete the sentences with the correct form of the word in brackets.
1 bastantes 2 demasiado 3 pocas 4 demasiada 5 muchas 6 bastante 7 poco 8 mucho 9 demasiados 10 pocas

6 Answers will vary.

7 Answers will vary.

10.1 F Las reglas y el uniforme (pp152–153)

1 Read the rules and find the correct summary (A–J). There are two you will not use.

1 H 2 B 3 F 4 D 5 E 6 J 7 G 8 C

2 Answer the questions in English.

1 all day and during the journey to and from school
2 if their son/daughter is absent
3 in the planner every week
4 chewing gum, mobiles and anything that could harm another person/individual
5 whenever the pupils are wearing their uniform

3 Using a range of expressions (*hay que, se debe, tienes que, tenemos que*), write the rules for the school uniform, using the pictures.

1 Hay que / Se debe / Tienes que / Tenemos que llevar una camisa blanca.
2 Hay que / Se debe / Tienes que / Tenemos que llevar una chaqueta azul.
3 Hay que / Se debe / Tienes que / Tenemos que llevar una falda gris.
4 Hay que / Se debe / Tienes que / Tenemos que llevar pantalones grises.
5 Hay que / Se debe / Tienes que / Tenemos que llevar una corbata roja.
6 Hay que / Se debe / Tienes que / Tenemos que llevar calcetines negros.

4 Listen to three students talking (1–3). Choose the good and bad points that each one mentions.

1	bad: B	good: E
2	bad: F	good: C
3	bad: H	good: A

Transcript

1 Nuestra profesora de inglés nos deja usar el móvil para buscar palabras en los diccionarios en línea. Es muy práctico y rápido. Lo peor es el color de la chaqueta y la corbata: son de un marrón muy feo.

2 No está permitido correr por los pasillos, lo cual es una idea muy buena porque si no, los alumnos más pequeños sufrirían.

3 Con toda la ropa que necesitamos para el uniforme y para el deporte, el coste de comprarlo todo resulta muy caro. Esto puede ser un problema para algunas familias. Creo que está bien que las chicas no puedan llevar maquillaje; es un instituto, no una fiesta.

5 Translate the text into English.

There are many / lots of differences between English and Spanish schools. In my school we don't wear (a) uniform and we call our teachers by their first names not by their surnames. However, there aren't any activities during lunch or after classes.

6 Answers will vary.

7 Answers will vary.

Grammar practice (pp154–155)

1 Identify which form of address is being used by the verb ending. Write *tú, vosotros, usted* or *ustedes*.

1 tú 2 usted 3 vosotros 4 ustedes 5 tú 6 ustedes 7 vosotros 8 usted

2 Complete the sentences with the appropriate form of the verb in the present tense.

1 Organiza 2 Ofrecen 3 Escribes 4 Aprendéis 5 Permite 6 aceptan 7 Tenéis 8 quieres

3 Complete the sentences with the appropriate form of the verb in the perfect tense.

1 He terminado 2 Has aprendido 3 Ha escrito 4 hemos hecho 5 Han abierto 6 He contestado 7 Has aprobado 8 Ha entendido 9 ha repartido 10 han vuelto

4 Translate the sentences into English.

1 I have to learn a list of vocabulary.
2 Last night I studied from six until nine.
3 Pupils can't go to school by bike.
4 We can't go in to the staffroom without permission.
5 Yesterday we arrived in class at twenty to nine, ten minutes late.
6 The teacher organised a debate among the students.
7 In the literature class, we are studying / we study a novel by Galdós.
8 I am going to practise the conversation with a friend.

5 Complete the following sentences with the correct forms of *a* or *de* and the appropriate definite article.

1 al 2 de los 3 a los 4 de las 5 al 6 a las 7 de la 8 a la

6 Translate the sentences into Spanish.

1 Espero aprobar los exámenes en junio.
2 Odia estudiar educación física.
3 Intentamos aprender las fechas.
4 Prefiero usar el ordenador.
5 Queremos ver la película.
6 Pueden repasar el tema esta noche.
7 Decidí continuar mis / los estudios.
8 Odiaban hacer los deberes.
9 Esperaba suspender geografía.
10 Intentaste entender la pregunta.

Unit 11: Education post-16

11.1 University or work?

11.1 G ¿Qué voy a hacer? (pp158–159)

1 Read the statements and match each one with the correct summary (A–F).

1 D 2 E 3 B 4 F 5 A 6 C

2 Listen to six friends (1–6) talking about their options. What is their opinion about staying on in education? Write **P** (positive), **N** (negative) or **P+N** (positive and negative).

1 P 2 N 3 N 4 P 5 P+N 6 P+N

Transcript

1 Si continúo con los estudios tendré mejores oportunidades en el futuro.
2 Estoy aburrida de los exámenes y los estudios. Quiero hacer algo diferente.
3 No estoy aprendiendo nada en el instituto. Trabajar será mucho más interesante.
4 Los estudios que hago me interesan mucho y me ayudarán a conseguir un buen trabajo en el futuro.
5 Las asignaturas que tengo este año son muy interesantes pero como no trabajo nunca tengo dinero. Esto es un problema.
6 El uniforme es feo y las reglas son tontas, pero creo que mis estudios son muy útiles.

3 Complete the sentences with the correct form of the verb.

1 dejo, buscaré 2 saca, irá 3 tenemos, encontraremos 4 estudian, sacarán 5 leen, sabrán

4 Listen to Luis, Sol, Álvaro and Marta talking to their teacher about their plans for next year. Which of the summaries (A–F) best matches each statement? You won't need all the summaries.

Luis F, Sol B, Álvaro A, Marta D

Transcript

— Bueno chicos, ¿cuáles son vuestros planes para el próximo año? Luis. . .
— Seguiré en el instituto y estudiaré ciencias.
— ¿Y tú, Sol?
— No lo sé. Creo que estudiar tiene sus beneficios pero buscar trabajo también.
— ¿Has decidido algo, Álvaro?
— Sí. Me han ofrecido un aprendizaje en un periódico y he aceptado.
— ¡Qué bien! Y Marta, ¿cuáles son tus planes?
— Quiero continuar con los estudios y hacer exámenes más avanzados.

5 Answers will vary.

11.1 F ¿Trabajar o estudiar? (pp160–161)

1 Match the Spanish and English words.

1 F 2 D 3 H 4 B 5 G 6 A 7 E 8 C

2a Read Esteban's message on a web forum. In what order does he talk about these issues?

D A E B C

2b Read the message again and answer the questions.

1 b 2 a 3 c 4 b 5 a

3 Complete the sentences with *lo que* or *lo*.

1 Lo 2 lo que 3 lo que 4 Lo 5 Lo 6 Lo que
7 Lo 8 lo que

4 Lee el texto y busca las catorce palabras con los sufijos *–mente, –ión, –oso, –dad, –*ía. Luego traduce el texto al inglés.

1 universidad 2 furioso 3 sociedad
4 habilidad (habilidades) 5 especialmente
6 biología 7 geografía 8 fabuloso (fabulosas)
9 fotografía 10 psicología 11 completamente
12 opinión 13 cuestión 14 personalidad

I have decided that I don't want to go to university and my father is furious. He says that in modern society, it's essential to show / demonstrate / prove your abilities / skills. My dad is especially obsessed with certain subjects: he thinks that biology and geography are fabulous for understanding the world but that photography and psychology are useless. He is completely sure of his opinion and he doesn't accept that it is a question of the personality of the each person.

5 Escucha a cinco amigos (1–5) hablar de sus planes. ¿Quieren ir a la universidad (**U**), buscar trabajo (**T**) o no saben (**NS**)?

1 U 2 T 3 NS 4 T 5 NS

Transcript

1 Para tener éxito en la carrera profesional que quiero hacer tengo que tener un título, así que es importante que siga estudiando.

2 Si empiezo ahora a ganar experiencia en el mundo del trabajo, creo que tendré más oportunidades de promoción.

3 Es muy difícil decidir qué hacer porque me gusta estudiar pero, por otro lado, me gusta la idea de empezar a ganar dinero.

4 Me han ofrecido un trabajo en una tienda de ropa y he aceptado. Me interesa mucho la moda y me gusta mucho relacionarme con la gente.

5 Yo veo las ventajas y desventajas de las dos opciones y todavía no sé qué voy a hacer. Decidiré cuando tenga los resultados de los exámenes.

6 Answers will vary.

Unit 12: Jobs, career choices and ambitions

12.1 Choice of career

12.1 G Los trabajos (pp162–163)

1a Read the students' ideas about future jobs, then answer the questions below.

1 c 2 a 3 c 4 b 5 c 6 b

1b Read the ideas again and find these expressions.

1 salvar vidas
2 cuidar a la gente
3 resolver problemas
4 importante y útil
5 me gustaría / quisiera

2 Listen to four people (1–4) talking about their jobs. Match each person with the correct picture. Is each person's opinion of their job positive (**P**), negative (**N**) or positive and negative (**P+N**)?

1 D 2 A 3 C 4 B

1 P+N 2 P+N 3 P 4 N

Transcript

1 Trabajo como camarero en un restaurante muy conocido; sirvo a los clientes y limpio las mesas. Es agradable charlar con los clientes pero no está bien pagado.

2 Actualmente soy ama de casa porque tengo dos hijos pequeños. Me gusta pasar tiempo con los niños aunque a veces me aburro un poco.

3 Trabajo como jardinero; arreglo los jardines de mis clientes. Me encanta estar al aire libre y es un trabajo muy creativo.

4 Trabajo como cajera en un supermercado grande. No es interesante y tengo que trabajar muchas horas.

3 Read the text and answer the questions.

1 90
2 more than half
3 three quarters
4 a quarter
5 companies, shops and banks (in the city)
6 unemployed

4 Translate the sentences into Spanish.

1 Quisiera ser policía.
2 Quisiera trabajar en una tienda.
3 Quisiera ser enfermero/a.
4 Quisiera trabajar con animales.
5 Quisiera ser cocinero.

5 Answers will vary.

6 Answers will vary.

12.1 F Buscar trabajo (pp164–165)

1 Read the adverts. Match each to the response they require (A–E).

1 D 2 E 3 B 4 A 5 C

2 Lee las descripciones de los trabajos (1–4) y empareéjalas con la persona más apropriada (A–D).

1 C 2 A 3 B 4 D

3 Listen to Andrés's interview and answer the questions.

1 b 2 a 3 c 4 c 5 a

Transcript

— ¿Por qué le interesa trabajar en el camping este verano?

— Creo que será un trabajo muy interesante y variado. Algunos días ayudaría con los juegos y otros días ayudaría a resolver problemas.

— ¿Cree que tiene la personalidad apropiada para el trabajo?

— Sin duda. Tengo mucha energía, soy una persona muy animada y también tengo mucha paciencia.

— ¿Se lleva bien con la gente?

— Sí, me llevo bien con todo el mundo, desde la gente mayor a los niños.

— ¿Qué experiencia laboral tiene?

— El año pasado trabajé en un hotel, a veces en la recepción y otros días como camarero. También he trabajado en una tienda y en una oficina.

— ¿Si le ofrecemos el trabajo, cuándo puede empezar?

— El trimestre termina en dos semanas así que puedo empezar a principios de julio.

4 Answers will vary.

5 Traduce las frases al español. ¡Cuidado: hay tres tiempos verbales diferentes!

1 Me interesa el trabajo porque será interesante y variado.
2 El trabajo ofrecerá muchas oportunidades y un buen sueldo.
3 Creo que soy una persona trabajadora y fiable.
4 He trabajado en una oficina y he ayudado en un instituto.
5 Puedo empezar el lunes próximo / el lunes que viene.

Grammar practice (pp166–167)

1 Complete the sentences with *cuánto, cuánta, cuántos, cuántas*.

1 Cuántas 2 Cuántos 3 Cuántas 4 Cuántos
5 Cuánto 6 Cuántas 7 Cuánta 8 Cuántos

2 Complete the sentences with the correct words from the box.

1 razón 2 suerte 3 prisa 4 intención 5 ganas

3 Complete the sentences with the correct form of the verb *tener* and then translate the sentences into English.

1 Tienen 2 Tengo 3 Tienes 4 Tiene 5 tenemos
6 Tengo 7 Tiene 8 Tienen

1 They are lucky because the nearest university is excellent.
2 I intend to look for an apprenticeship.
3 You are right; there is a lot of unemployment at the moment.
4 He wants to look for work in tourism.
5 We are not in a hurry; the interview is in September.
6 I am lucky because there is a lot of work in my area / region.
7 She intends to carry on / continue with her studies.
8 They want to live in student accommodation / halls of residence.

4 Translate the sentences into Spanish.

1 Espero ser ingeniero/a.
2 Pienso ir a la universidad.
3 Quiero trabajar en un banco.
4 Pienso estudiar matemáticas.
5 Puedo trabajar los sábados.
6 Espero seguir con los estudios.
7 Quiero trabajar en periodismo.

8 Puedo sacar buenas notas.
9 Pienso buscar trabajo.
10 Espero tener una entrevista.

5 Complete the sentences with an adjective that is appropriate in meaning and agreement.

Suggested answers

1 interesante / estimulante
2 aburrido
3 muy difícil / estresante
4 fascinante / creativa / relajante
5 divertido / interesante / bien pagado / desafiante
6 fascinantes / muy útiles
7 divertida / interesante / útil.
8 simpáticos / amables / divertidos
9 útiles / interesantes / estupendas
10 útil

6 Correct the underlined adjectives in these sentences.

1 relajante 2 pagado 3 informáticos 4 fáciles 5 estresantes 6 ideal 7 divertido 8 estupendas

Test and revise: Units 9–12

Reading and listening

Foundation – Reading and listening (pp170–171)

1 Read the text about Antonio's school and answer the questions in **English**.

1 outskirts of town / city
2 They behave well and study hard.
3 They are nice and they help the students with their work.
4 It hardly exists.
5 Yes, because he gets good marks in most of his subjects.

2 Lee los dos textos y contesta las preguntas. Escribe **C** (Carolina), **R** (Roberto) o **C+R** (Carolina y Roberto).

1 C 2 C+R 3 R 4 R 5 C 6 R 7 C+R 8 C

3 Susana has received this card from her grandmother with advice about her interview. In what order does the advice come?

B D E A C

4 Translate this passage into **English**.

I don't really / much like doing my homework but I always do it at / on the table in the kitchen / the kitchen table. Last night my mother said that it is impossible to study and to listen to music at the same time. Tomorrow I am going to do my homework in my bedroom.

5 Listen to four teachers. Which subject are they teaching?

1 c 2 a 3 b 4 a

Transcript

1 Para el dibujo de hoy, coge un papel grande y dibuja unas flores grandes con los lápices de colores.
2 Como deberes, tenéis que escribir una carta en francés y traducir este texto al español.
3 Una de las cosas más fáciles de preparar es una buena sopa de verdura y hoy vais a aprender cómo hacer un gazpacho.
4 Antes de jugar un partido es importante hacer algunos ejercicios. Hoy vamos a correr por el campo de deportes el instituto.

6 ¿De qué aspecto de la vida del instituto hablan estos cuatro jóvenes?

1 G 2 E 3 A 4 C

Transcript

1 Van a gastar miles de euros en renovar el instituto. Tendremos un nuevo gimnasio, laboratorios modernos, una pizarra interactiva en cada aula y una sala de profesores más grande que la anterior.
2 Durante varios meses los estudiantes tienen acceso a varios tipos de ayuda. Hay clases especiales durante la hora de comer, libros de repaso para cada alumno y sesiones de apoyo individual cuando están en clase.
3 Este año el éxito ha sido impresionante. La gran mayoría de los estudiantes han aprobado entre seis y ocho asignaturas y han suspendido muy pocos. Además, el director está muy contento con las notas.

4 Sólo hay que recordar estas reglas. No debéis hablar cuando el profesor está explicando y hay que levantar la mano antes de hablar. Si vais a faltar a clase, tenéis que traer una nota de vuestros padres. Los deberes se tienen que hacer cada semana.

7 Sara is talking about three members of her family. What job does each person do and what is their personality like? Note the correct number and letter for each person.

1 Job 3 Personality C
2 Job 4 Personality B
3 Job 1 Personality D

Transcript

Mi padre es periodista y trabaja para una revista famosa; escribe artículos sobre noticias y cosas que pasan en el mundo. Yo creo que es muy valiente porque a veces se encuentra en situaciones de peligro y violencia.

Mi madre es dependiente en unos grandes almacenes. Sirve a los clientes y vende ropa. Le gusta mucho su trabajo porque se relaciona bien con la gente y es muy habladora.

Mi hermano es maestro en una escuela de primaria cerca de su casa. Tiene un grupo de niños de seis y siete años y dice que en general son muy simpáticos. Es muy paciente con ellos aun cuando son traviesos.

Writing and translation

Foundation – Writing and translation (pp172–173)

1 Un amigo español se interesa por los institutos de tu país. Sacas esta foto de tu instituto y se la mandas. Escribe **cuatro** frases en **español** que describan la foto.

Suggested answer

La foto es de una clase de informática.

No es una clase mixta porque todos los estudiantes / alumnos son chicos.

La profesora se llama señora Jones y es muy simpática.

La señora Jones hace una pregunta y los chicos levantan la mano para contestar.

2 Un amigo mexicano te escribe sobre sus clases y quiere saber cómo vas en el instituto. Escríbele sobre tu instituto y tus asignaturas. Escribe aproximadamente **40** palabras en **español**.

Mi instituto es bastante grande y tiene unas instalaciones muy modernas. Los profesores son muy trabajadores y nos ayudan mucho con los estudios. Mis asignaturas favoritas son el inglés y la geografía. No me gusta la tecnología porque es difícil.

3 Traduce las frases al **español**.

1 Espero encontrar trabajo en una oficina.
2 Me gustan las matemáticas y el inglés porque las clases son divertidas.
3 Voy a buscar trabajo porque quiero ganar dinero.
4 Los profesores son simpáticos pero el uniforme es muy feo.
5 Me gustaría / Quisiera hacer un aprendizaje.

4a Mandas un correo electrónico a un amigo español explicando las opciones que existen para cuando termines los exámenes. Escribe aproximadamente **90** palabras en **español**.

Suggested answer

Si saco buenas notas en los exámenes, podré empezar los estudios de bachillerato. También es posible buscar un aprendizaje para ganar dinero además de mejorar mis conocimientos. La última posibilidad sería buscar trabajo en una de las ciudades cerca de donde vivo. Para mí lo mejor sería mejor continuar los estudios porque espero ir a la universidad para estudiar ingeniería. Quiero ir a la universidad porque para la carrera profesional que he eligido se necesita tener un título. También me gusta la idea de ser más independiente.

4b Un amigo argentino te pregunta sobre unos posibles trabajos. Escríbele explicando tus ideas para el futuro. Escribe aproximadamente **90** palabras en **español**.

Suggested answer

Me gustaría ser enfermero/a porque sería fantástico cuidar a la gente cuando está enferma y tal vez salvar vidas. Uno de los problemas de este trabajo es que a veces tienes que trabajar durante la noche. Otro trabajo que me interesa es el de maestro/a. Es un trabajo muy útil y es muy importante ayudar con la educación de los niños. Creo que tengo las cualidades personales porque soy paciente y simpático y me llevo bien con la gente. Voy a mirar las páginas web y los periódicos para ver si hay ofertas de trabajo.

5 Traduce las frases al **español**.

1. Me gustaría tener un trabajo bien pagado.
2. Mañana tengo una entrevista en un banco.
3. Voy a tener experiencia laboral en una oficina.
4. La biología es fácil pero los idiomas son difíciles / las lenguas son difíciles.
5. Aprobó los exámenes y sacó buenas notas.

Speaking

Foundation – Speaking (pp174–175)

1 Role play

Model script

Teacher: *Estás hablando con un amigo cubano / una amiga cubana. Yo soy tu amigo / tu amiga.*

¿Qué asignatura te gusta? ¿Por qué?

Student: Me gusta mucho la educación física. Me encantan todos los deportes y soy bueno en el fútbol y el atletismo. También es muy interesante aprender cómo funciona el cuerpo.

Teacher: *¿Crees que las reglas del instituto son necesarias?*

Student: En el instituto no está permitido usar el móvil durante el día. Creo que esta regla es necesaria porque es importante escuchar en clase y no jugar con el móvil.

Teacher: *¿Qué aspecto del instituto no te gusta?*

Student: No me gusta el uniforme porque el color es horrible. El uniforme marrón es muy feo y me gustan más los pantalones grises y los jerseys azules.

Teacher: *¿Dónde está tu instituto?*

Student: Está en las afueras de la ciudad, en una zona residencial. Está bastante cerca de mi casa así que puedo ir andando al instituto todos los días.

Teacher: *Ah, entiendo.*

Student: ¿Qué asignaturas estudias?

Teacher: *Estudio muchas asignaturas – unas diez en total.*

2 Role play

Model script

Teacher: *Estás hablando con un entrevistador / una entrevistadora. Yo soy el entrevistador / la entrevistadora. ¿Por qué te interesa este trabajo?*

Student: Me interesa porque me gusta relacionarme con gente y creo que es un trabajo variado.

Teacher: *¿Por qué quieres trabajar en España?*

Student: Quiero tener experiencia de trabajar en el extranjero y practicar el español.

Teacher: *¿Cuáles son tus cualidades personales?*

Student: Soy trabajador(a), honrado/a y responsable. También me llevo bien con la gente y soy muy cortés.

Teacher: *¿Cuándo puedes empezar el trabajo?*

Student: Puedo empezar el lunes, la semana que viene.

Teacher: *Perfecto. Eso está bien.*

Student: ¿Tiene una lista de hoteles?

Teacher: *Aquí tienes una lista de hostales y residencias.*

3 Photo card

Model script

Teacher: *¿Qué hay en la foto?*

Student: Hay una chica y está muy triste porque no puede hacer los deberes de matemáticas.

Teacher: *¿Crees que algunas asignaturas son más difíciles que otras?*

Student: Para mí, la asignatura más difícil es la física. Es muy complicada. Creo que las ciencias son mucho más difíciles que el inglés o la religión.

Teacher: *¿Cuáles son las asignaturas más útiles, en tu opinión?*

Student: Creo que las matemáticas son muy útiles en la vida y en muchos trabajos. También la informática es esencial en el mundo de hoy.

Teacher: *¿Crees que es necesario hacer deberes?*

Student: No me gustan pero entiendo que son necesarios. Son importantes para practicar las cosas que aprendemos en clase.

Teacher: *¿Cómo es un día normal en tu instituto?*

Student: Empezamos a las nueve menos cuarto y hay un recreo a las once y media. Luego hay otra clase y la hora de comer es a la una. Después tenemos una clase más y terminamos a las tres y cuarto.

4 Photo card

Model script

Teacher: *¿Qué hay en la foto?*

Student: Hay una chica joven. No sabe qué trabajo quiere hacer en el futuro y piensa en las diferentes opciones que hay.

Teacher: *¿Crees que la chica debería ir a la universidad? ¿Por qué (no)?*

Student: Para algunos trabajos tiene que ir a la universidad. Si quiere ser médica, necesita título. Pero si quiere ser cocinera es mejor ganar experiencia práctica.

Teacher: *¿Recomiendas hacer un aprendizaje? ¿Por qué (no)?*

Student: Sí, porque es una buena manera de ganar dinero, tener experiencia laboral y aprender las habilidades para hacer un trabajo.

Teacher: *¿Qué tipo de trabajo te interesa?*

Student: Quiero un trabajo variado donde pueda relacionarme con la gente. No quiero trabajar los fines de semana ni por la noche y quiero un trabajo bien pagado.

Teacher: *¿Te gustaría trabajar en otro país?*

Student: Creo que no me gustaría. Prefiero vivir aquí cerca de mi familia y mis amigos pero posiblemente me gustaría vivir en otra ciudad.